悅讀的需要，出版的方向

悅讀的需要，出版的方向

Streaming,
Sharing,
Stealing:

Big Data and the Future of Entertainment

3S風潮

串流、分享、盜版，
看大數據如何改寫創意產業的未來

Michael D. Smith
Rahul Telang

邁克·史密斯、拉胡·泰朗——著

洪慧芳——譯

謹獻給我的摯友及一生的摯愛朗達・史密斯（Rhonda Smith）。——邁克・史密斯

謹獻給吾妻艾許維妮（Ashwini），以及吾子蕭米克（Shomik）與敘逢（Shivum）。他們為我的人生帶來無限喜樂。——拉胡・泰朗

目錄

CONTENTS

目錄
CONTENTS

PART III

新希望

推薦序

數位時代娛樂產業的特色與趨勢

江雅綺／臺北科技大學智財所副教授

當《3S風潮：串流、分享、盜版，看大數據如何改寫創意產業的未來》這本書的英文版出現在亞馬遜網站時，我就注意到了，很高興寶鼎出版社願意把這本書翻譯出來、介紹給中文讀者。本書的兩位作者邁克・史密斯（Michael D. Smith）和拉胡・泰朗（Rahul Telang），是卡內基美隆大學數位娛樂分析計畫的共同主持人，也是擅長以資訊科學角度透視娛樂產業的專家。他們集結多年從個人專業出發對娛樂產業的觀察，總結了幾項數位時代娛樂內容產業的特色，並進一步解析這些特色如何影響整個產業鏈的生產、銷售、定價……等，非常值得台灣正與數位趨勢奮戰的娛樂內容產業參考。

兩位作者在書中指出，數位通路具有幾近無限供給的能力，因此相對於傳統內容通路，它不受播放時段及實體貨架空間的限制，這樣的特性提供了更多創意與實驗的空間。例如相較於傳統電視，網飛（Netflix）於內容製作上就允許更多的創新，因為網飛可以同時提供消費者不同類型與元素內容的組合。作者舉知名網飛原創影集《紙牌屋》（*House of Cards*）為例，在《紙牌屋》的第一集中，出現主角把狗殺死的畫面，這在傳統電視視為大忌，會擔心首集就流失觀眾，但網飛卻願意給予內容創作者更大的自由空間。關於這點，我也非常同意作者的觀察，不過我覺得，與其說是企業支持創作自由，不如說是網路環境的特性，適合給予創作者更寬廣的空間。

書中也提到，數位內容製作的成本大幅降低。低成本的影響是多方面的：對創作者而言，創作更加容易，但也同時面臨更多競爭。這就如同美國哥倫比亞大學教授吳修銘（Tim Wu）的《注意力商人》（*The Attention Merchants: The Epic Scramble to Get Inside Our Heads*）所言，網路上的注意力，已成了人人都要競逐的稀缺貨幣。但內容創作者增加，意味對消費者的選擇也增加。更由於商品陳列幾乎沒有限制，消費者在網路購物，有機會找到實體商店中不會陳列的冷門、小眾商品。在傳統通路上，冷門與小眾的商品，往往因為沒有機會出現在消費者面前，而熱賣商品則因受歡迎、更有機會出現在消費者面前，因此會有「熱賣者愈賣、冷門者愈冷門」的現象。但在網路空間，不管冷熱商品，均可因無限的虛擬陳列空間而受惠。這除了呼應長尾理論（長銷商品）的發展，也讓消費者上網購物的價值，除了「線上比實體低價」，更多了能夠發現新商品的快樂。商品的多元性，是網路購物的一項重要價值。這在娛樂內容產業，亦是如此。

固然，隨著內容製成本大幅降低，內容複製的成本也大幅降低，讓數位盜版（非法重製）始終是娛樂內容產業的痛。但從書中介紹的幾個企業案例，讀者將發現，面臨數位科技的顛覆，拒絕面對、或拒絕回應科技發展帶來產業各環節的改變，遠比盜版的威脅更加嚴重。曾享有百年出版風華的大英百科全書，先是堅持印刷版優於電子版，繼之又把電子版當做印刷版的贈品，當市場上出現充分運用數位影音、互動性高的百科產品，雖然其聲譽與品質不如大英百科全書，但仍迫使大英百科全書的銷售不斷下滑。直至維基百科（Wikipedia）崛起，大英百科的出版從此而終。

最後，本書作者相當強調，對消費者／顧客數據（data，亦譯為資料）的掌握，是數位時代的決勝關鍵。不過，就我這幾年對科技網路產業的觀察，我其實更想強調本書中也提到的數據集中化現象：數位經濟的商業模式發展至今，資料已經愈來愈集中於少數幾個科技平台手上。新型態的科技壟斷，很可能讓網路具有的多元、小眾、自由……等優點弱化，而讓傳統由幾家大規模企業控制產業鏈的模式再現。這是每一位數位時代的公民，在享受數位科技的便利之餘，值得反思的。

推薦序
娛樂是一門產業，因此需要經濟分析

馮勃翰／臺灣大學經濟系副教授

過去二十年，科技的變化從根本上改變了娛樂產業的樣貌。網路速度愈來愈快，音樂盜版和分享變得容易，迫使唱片業者必須改變以往既有的商業模式。創作影片的成本愈來愈低，一般人只靠手機和免費軟體就可以拍出一段有趣的影片，讓網路上的各式內容供應源源不絕。於此同時，亞馬遜（Amazon）、蘋果（Apple）、網飛和YouTube等大型平台崛起，這些新興的書籍與影音通路不再受到容量限制，而且可以根據每位用戶過去的行為數據來推薦內容，又更強化了平台的影響力。

以上，僅僅只是冰山的一角。技術突破究竟對產業造成怎樣的衝擊？傳統的出版社、影視公司和唱片公司該如何調整策略以因應時代？數據分析又能為業者提供哪些經營上的洞見？

這些，統統都是本書所要探討的課題。

史密斯與泰朗兩位作者都是研究娛樂產業的專家，他們在卡內基美隆大學共同主持了一個名叫「數位娛樂分析計畫」的研究中心，以經濟學為架構，運用各種計量和實驗方法，帶我們深入理解網路時代之下的影視、音樂與出版業。這本書就是他們研究成果的精華，用案例故事來呈現，並為從業人員提出各種實用的建議。

貫串全書的主軸只有一個：在舊時代，所謂「大型」的出版社、唱片公司、電影公司掌握了內容的生產與發行。這些公司規模龐大，能為自己的產品爭取到曝光資源，並在容量有限的通路上架。如今網路時代來臨了，網路平台幾乎沒有上架的容量限制，再加上創作變得容易，內容供給量暴增，業者競爭的舞台已不再是通路，而是云云大眾有限的「注意力」。

這時候，如何掌握數據、深入了解消費者的喜好，就成為了產業競爭的關鍵。本書從這個主軸出發，特別著墨於業者該如何在巨變的時代找到立足根基。

不過，閱讀本書還有一個附帶且重要的價值，就是能從旁學習到數據分析的基本觀念與用途。

談到數據分析，許多人第一時間會想到廣告投放與產品推薦，但我們可以從本書看到，數據能帶來的洞見遠遠不止於此。透過數據，我們能回答許多經營策略面的問題。

舉例來說，多年前電子書剛開始普及的時候，美國的出版社就面臨一個重大抉擇：同一部作品的電子書和紙本書，究竟應該同步上市，還是刻意把時間錯開，讓紙本書先出版，晚一點再推電子書？到底哪種做法才能為一部作品創造出最大營收？

要回答這個問題並沒有想像中容易。因為，出版社真正想要知道的是：針對「同一本書」，究竟「紙電同步」能創造較大營收，還是「先出紙本書」能創造較大營收？但在實務上，每一本書都只能採用一種做法；當你選擇「紙電同步」，就無法觀察到這本書如果「先出紙本書」在銷量上會有怎樣的不同。

不僅如此，當我們看到某些書是「紙電同步」而且總營收好過其他「先出紙本書」的書籍時，我們並無法立刻得到「紙電同步」是較佳策略的結論，因為這些書可能是因為背後存在某些共同特質讓它們賣得較好，而偏偏又是這些特質讓出版社決定用「紙電同步」的方式來操作。這種互為因果的情況，有時讓業者雖然擁有數據，卻不知該從何分析起，或是得到錯誤的結論。

在此課題上，本書作者找到一個非常聰明的方法來克服上述「內生性」的問題，成功界定出「紙電同步」的發行策略和總營收之間的因果關係。

近年來，我在臺大主持「文化經濟學讀書會」，也和同事與學生一起進行影視音和出版產業的相關研究，範圍包括書價折扣對銷量的影響、電影票房和原著小說的銷售如何連動，以及跟風作品的操作策略等等。

我的觀點跟本書作者一樣，那就是，娛樂產業雖然有其獨特性，但追根究柢，是一門產業，因此在面對變局時，經濟學分析與數量方法都對擬定商業策略特別有幫助。我期待相關研究能帶動更多學生、幫助更多從業人員用同樣的方法來解決實務問題，把更多精采的作品帶給閱聽大眾並走上國際舞台。

而在這個方向上，《3S風潮：串流、分享、盜版，看大數據如何改寫創意產業的未來》是我目前讀到最重要、最清楚也最實用的一本書。

推薦序

網路世代下，內容創作者必須掌握的新武器——數據

劉于遜／CHOCO TV創辦人暨執行長

媒體的事業，就是「眼球」的事業。如何有效打造出用戶喜歡的內容，去吸引用戶的眼球停留，是媒體產業最核心的致勝方程式，也是如此令人著迷的原因。

網路拆解「大眾媒體」

還記得「大眾媒體」這個詞嗎？從最早十五世紀廣泛運用印刷技術，創造了「報紙」、「雜誌」，到十九世紀可傳遞聲音的「廣播」、一九五〇年影像錄製技術導致「電視」誕生，以及一

九九〇年代起，興起可搭載一切形式內容的「網路」，各個都透過特定載體（紙、收音機、電視機、電腦等等），大量傳遞了內容給了成千上萬的用戶，這就是大眾「媒體」。

而隨著技術帶來載體上的轉換，象徵著每一個時代的改變，更代表了「媒體」巨大的機會和可能性。

這是創作者的超級黃金年代

過往的大眾媒體，對於內容創造和傳遞所需的財務與技術門檻都相當高，想像自己要擁有一間報社、廣播電台、電視台等等，或要能在這些媒體上刊載自己的創作內容去吸引有興趣的觀眾，是多麼不容易的事情，這就是大眾媒體的樣態——內容由少數人決定後推給觀眾。

但到了網路世代，加上過去十年拜行動網路之賜，下放了所有媒體的能力，讓身處這時代的任何人或團體，在任何時間、任何地點，都能輕易地享有「內容創作的能力」、「內容傳遞的能力」。也就是「任何人，都是內容生產者；任何人，也都是媒體」，無論是你和所屬團隊所架設的一個部落格、開立的一個粉絲團、經營的一個 YouTube 頻道，甚至是固定發文在

Instagram或抖音（Tik Tok）上的一個帳號，你都可以輕易地開始創作內容，服務喜歡你的用戶，這就是新媒體的魔力——內容轉由觀眾來決定是否收看。

水能載舟，亦能覆舟，更能煮粥

因此，這是一個內容爆發的時代。正由於內容可以更直接、近距離地提供給用戶，因此所有創作者／公司無不思考——怎樣的內容是用戶熱愛的？除了創作者的天分直覺，這時代更賦予了創作一個超強大武器「數據」，透過一次又一次內容與用戶接觸所留下的一切足跡和數據，直接成為內容創作者再精進的養分，更成就了許多極具影響力的新媒體，大至顛覆這時代的新媒體霸主網飛、YouTube、亞馬遜，小至個人的YouTuber、網紅、自媒體，都是直接將內容服務用戶、透過數據再進化的最佳案例。這也是我創立CHOCO TV在短短數年內，可以輕巧地用小資源、躋身主要新媒體競爭的關鍵原因，從科技、數據平台出發，進而打造出膾炙人口的內容，掌握用戶的眼球，更成就一番媒體事業，這在過去大眾媒體的時代，絕對是非典型的成功。

古有云：「水能載舟，亦能覆舟」，但水拿來煮粥，是否又將是一個偌大的生意呢？而這，也將會是所有內容創作者的絕佳機會。

透過《3S風潮：串流、分享、盜版，看大數據如何改寫創意產業的未來》這本書，你一定可以輕易地理解這百年來媒體發展的脈絡和變化，從唱片、DVD到電影產業，有著無數耳熟能詳的實例及清晰概念；更重要的是，你和團隊也會更明白，其實自己已經被賦予「理解顧客需求」和「掌握顧客注意力」的強大力量，而「數據」就是展開這場冒險最入門的好武器了！

這是一本絕對足以引領在創意產業發展中的你，輕鬆開腦洞、啟發靈感並想到原來還可以「煮什麼粥」的經典好書，相當值得與你分享！

寫於 2018 越南電視節深夜返台機上

推薦序

數據導向戰勝潮汐導向，分析觀眾收視行為實為解方

鄭江宇／東吳大學巨量資料管理學院助理教授

自從網路建設普及與頻寬提升之後，許多數位內容得以在網際網路上播送，而觀眾收視行為也從過去的特定「時段、地點、裝置」轉變成現在的「隨時、隨地、多樣性連網屏幕裝置」。本書以大數據觀點闡述為何傳統電視產業陷入營收困境，可能原因包括：⑴缺乏觀眾收視行為分析能力、⑵以亂槍打鳥方式投放電視內容、⑶觀眾不具抒發意見之便利管道、⑷決策制定者缺乏數據遠見等等，因而導致許多內容產業將不正確的內容、在不正確時間、以不正確的方式、推播給不正確的觀眾。因此，如果自己打算投入內容製作產業又或目前正任職於內容相關產業，請務必避開上述四大不正確地雷，否則隨著日積月累效應，數據導向（data driven）的

內容製播業者將能夠透過所累積的大量數據輕易地戰勝潮汐導向（tidal wave driven）的內容製播業者，前者獲勝原因在於具備了數據獲取能力、收視行為掌握能力、觀眾發言能力以及觀眾專屬推薦能力，而後者失敗原因則是以孤注一擲的主觀方式來猜測觀眾需求，例如誤認為多數觀眾集中在晚餐後八點檔時段收看電視節目，並且在接近午夜時段關閉電視準備就寢，但殊不知接近午夜時段可能才是收視高峰，因為觀眾們正躺在床上滑手機。換句話說，資訊科技打破過去觀眾收視習慣，所謂的潮汐收視現象若是沒有透過數據分析將更難以被預測。

除此之外，我從閱讀心得中感受到，本書為近年來少見的大數據優良著作，特別是對於內容製播產業而言。作者以獨到見解闡述數據資產對媒體產業之重要性，例如網飛數位內容平台業者為何敢在還沒確認前導劇收視成效之前就大手筆買下《紙牌屋》電視劇的放映權、長尾效應究竟是代表小眾收視規模還是大數據中的高價值小細節、線上內容盜版到底對內容製播業者來說是不是威脅，若是，該如何以大數據思維突破困境，以上這些在書中都有非常精彩的闡述。如果自己曾經走過傳統電視時代，那麼閱讀此書不但可以回味那令人懷念的實體內容變為數位內容的歷程，更可以有系統性地得知自己該如何轉型成具備大數據分析能力的內容製播者。當然如果自己不曾經歷過傳統電視年代，也能夠藉由此書的閱讀吸收許多實務案例，避免自己陷入過去傳統電視製播之困境。在此，我以自身大數據專業背景由衷地向大家推薦這難得一見且值得閱讀的經典著作：《3S風潮：串流、分享、盜版，看大數據如何改寫創意產業的未來》。

各界推薦

「經歷資訊科技對經濟文化所帶來大幅變革的人們，不僅可藉本書重溫這些年來各種音樂、影視、圖書、新聞媒介從實體轉變為數位的歷程，更可藉由作者爬梳創意產業演進趨勢中幕後人物的想法和作為來吸取歷史的經驗，理解大數據的意涵，經由數據蒐集與分析去理解消費者的真正行為和需求，以資訊科技去實現願景、創造歷史新頁。」

洪士灝／臺灣大學資訊工程系教授

「內容和娛樂、創意產業正在經歷巨大的變革。過往從規劃、產製、出版、發行，一路到通路，再到最後一端的閱聽眾，每個角色之間有著精緻的分工，但網路去中間化的特性剷平了一切。網路改變了遊戲規則，也重塑了價值鏈。如今在市場上能夠第一時間接觸並且掌握使用者數據的玩家，有更強的議價能力，也能夠更快速制定策略並且作出應變。因為網飛、亞馬遜等巨大平台業者的崛起，你可能已經聽過類似的觀念，但本書以更有脈絡的方式記錄了整個過程，值得閱讀。」

——翁子騏／SOSreader執行長暨共同創辦人

「網際網路三十年來徹底改變了我們消費內容的方式，面對年輕的串流世代，內容生產者應該如何做出改變來因應？本書網羅發行管道、數位策略以及大數據如何影響內容產製的各種經典案例，並做出精確的分析。內容產業的經營者、從業者都應該一讀，以避免做出反趨勢的判斷，在數位策略上更貼近年輕一代內容消費者的真正需求。」

——董福興／數位出版專家與網路趨勢觀察者

「從iPhone誕生，到國高中生把當YouTuber作為第一志願，過去十年我們經歷了娛樂產業最為劇烈的變動，來自產品跟用戶的數據遠比任何時候都來得多、來得關鍵，淘汰了「靠老闆嗅覺跟直覺辦事」的典範。本書包含豐富案例跟數據，有學術的深度，亦不失產業的實際，是每一位關注娛樂產業的人都該讀的好書。」

——鄭國威／PanSci泛科學暨娛樂重擊總編輯

「這本書應該會在娛樂界掀起一場實證導向的決策改革。」

——大衛・博伊爾（David Boyle）／BBC Worldwide見解團隊（Insight）執行副總，曾任職哈潑柯林斯出版集團（HarperCollins）及ＥＭＩ音樂

「本書探討資料導向式行銷的崛起，以及藝人掌控創作及作品發行的能力。那完全顛覆了娛樂業的常規，是每位創作者的必讀佳作。」

——大衛・博塞特（David A. Bossert）／迪士尼影業集團（Walt Disney Studios）製作人兼創意總監

「對想要了解科技如何重塑娛樂業的人來說，本書是必讀的佳作。」

——克里斯・安德森（Chris Anderson）／無人機製造商3D Robotics公司執行長、《長尾理論》（The Long Tail）作者

「史密斯和泰朗深耕娛樂業的經濟學研究，長久以來一直是大家公認的頂尖專家。他們研究網路如何顛覆娛樂業十餘年，並把多年來的研究濃縮成這本精闢又好讀的權威之作。想要了解科技與娛樂之間的棘手關係，都應該拜讀這本好書。」

——哈爾・韋瑞安（Hal Varian）／Google首席經濟學家

「史密斯和泰朗是娛樂業資料分析的先驅。他們清楚解釋了大數據如何改變娛樂業，以及公司如何運用資料分析，從這番變革中獲利。」

——麥特・蓋瑟（Matt Geiser）／傳奇影業（Legendary Pictures）技術長

「本書點出科技改變娛樂業的多種方法，以及這些改變如何撼動產業的根基。出版、音樂或電影業的從業人員都需要好好研讀這本書。」

——露絲・維塔爾（Ruth Vitale）／CreativeFuture執行長

PART I

好時光，壞時光

「小時候，有人告訴我怎樣才算男人。如今我已成年，竭盡所能想把那些事情做好。但無論再怎麼努力，我還是一灘爛泥。」

——齊柏林飛船（Led Zeppelin）

1

紙牌屋

「每隻小貓長大後都變成了大貓，起初看來乖巧無害，小巧安靜地舔著牛奶。然而，一旦爪子夠長了，那會抓出血痕，有時還會抓傷那隻餵牠們的手。」

——弗蘭克・安德伍德（Frank Underwood），網飛的原創影集《紙牌屋》（*House of Cards*）

對音樂、電影、出版等創意產業來說，這是最好的時代，也是最壞的時代。新技術讓自費出版的作者、獨立音樂家，以及以前苦無機會嶄露頭角的創作者有了強大的新方法，可以發表創作，接觸廣大的受眾；也為消費者提供了豐富的娛樂新選擇。這些改變一起創造出創作的新黃金年代，但那些新技術也改變了競爭格局，削弱了老字號業者對內容及消費者的掌控力，迫使業界領導者在老舊商業模式與全新商機之間做出棘手的取捨。許多卓越的企業面對這些改變時，不幸大意失荊州，丟了曾經主宰的市場。

網飛（Netflix）開始推出原創影集，可說是這股改變風潮中寓意最深遠的例子。這個引人入勝的實例充分顯現科技改變娛樂市場的許多方法。

這個故事是從二〇一一年二月開始的，當時媒體權資本公司（Media Rights Capital，簡稱MRC）*的共同創辦人莫德凱・維奇克（Mordecai Wiczyk）和艾席夫・薩丘（Asif Satchu）正在向各大電視網兜售一齣新的電視影集，名叫《紙牌屋》。這是一齣政治劇，靈感來自BBC

* 媒體權資本公司：美國獨立製片公司，旗下作品包括《熊麻吉》（*Ted*）、《極樂世界》（*Elysium*）、《玩命再劫》（*Baby Driver*）、《黑塔》（*The Dark Tower*）等。

的同名迷你影集，網羅了知名導演大衛・芬奇（David Fincher）、奧斯卡提名的編劇波・威利蒙（Beau Willimon）、奧斯卡得獎演員凱文・史貝西（Kevin Spacey）等優秀人才來共襄盛舉。維奇克和薩丘向HBO、Showtime、AMC等有線電視兜售播放權時，也去找了網飛，以洽談電視播放結束後的網路串流播放權[1]。

MRC公司向各大電視網推銷時，幾乎完全把焦點放在前導劇（pilot）的腳本草稿，以及整齣戲的整體故事架構。它們拜會各大電視網的目的，是為了爭取電視網的投資，以資助前導劇的拍攝。他們的挑戰在於從數百個爭相兜售戲劇提案的創作者之中脫穎而出，因為各大電視網的節目時段有限，數百位創作者都希望自己的作品雀屏中選。但問題是，根據業界行規，決定權完全掌握在電視網的手中。福斯電視網（Fox）的前娛樂董事長凱文・雷利（Kevin Reilly）表示：「電視網以前是獨占事業。想做電視節目的話，一定是從電視網先上。[2]」

前導劇是電視網用來判斷一齣戲有沒有觀眾的標準工具。製作前導劇時，編劇需要在三十或六十分鐘的播放時間內，介紹劇中人物，涵蓋必要的劇情元素，並呈現出整個故事結構。即使在最好的情況下，那也很難辦到，對《紙牌屋》這種影集來說更是困難。「我們想講一個需要很長的時間才講得完的故事。」二〇一三年凱文・史貝西說：「我們是在創作一個多層次的精緻故事，角色複雜，需要時間慢慢地展現特質，人物關係也需要空間才能充分呈現。」

即使戲劇提案獲得了拍攝前導劇的資金，那也不保證該劇就能順利開播，電視網依然握有完全的掌控權。如果電視網喜歡拍出來的前導劇，它可能一開始會預訂六到十二集，但是這種情況很少見。電視網看完前導劇後，通常反應是決定不再繼續開發下去，創作團隊只好推翻提案，重新開始。

對電視網來說，前導劇是一種衡量觀眾興趣的昂貴方式。製作前導劇的成本在五百萬到六百萬美元之間[3]。業界人士估計，每年光是那些失敗的前導劇（亦即沒有繼續開拍影集的前導劇），就耗費了八億美元[4]。

維奇克和薩丘去找網飛洽談《紙牌屋》的串流播放權以前，已經從各大電視網獲得好壞參半的評價。電視網喜歡那個概念，也喜歡那個案子網羅的人才，但沒有一家公司願意資助前導劇的拍攝，部分原因在於業界普遍認為政治劇不會紅[5]。自從二〇〇六年《白宮風雲》（*The West Wing*）播畢以後，後來推出的政治劇都收視不佳。

不過，網飛的反應倒是和電視網截然不同。網飛的內容長泰德・薩蘭多斯（Ted Sarandos）對於評論戲劇的故事架構沒有多大的興趣，也不想引用業界普遍不看好政治劇的觀點。他主要是抱著對「資料」的興趣來參加會議，而這裡的資料是指他手上握有的資料：網飛那三千三百萬名訂戶的觀影習慣資料。他的分析顯示，許多訂戶喜歡芬奇執導及史貝西主演的電影。資料也顯示，很多顧客租過BBC原創影集的DVD。總之，那些資料告訴薩蘭多斯，那齣戲會有不錯的收視[6]；也讓他深信他應該出價，讓製作公司完全跳過電視網那個環節，由網飛取得那部影集的直接播放權[7]。

不過，網飛的創新手法還不止於此。它不像一般電視網那樣，先出價五六百萬美元以資助前導劇的拍攝，看了前導劇以後再預訂半季或整季。網飛是直接出一億美元，買下兩季共二十六集的播放權。網飛認為，它沒有必要先經過前導劇那個標準步驟，因為從資料已經能夠知道《紙牌屋》會有觀眾想看，而且它也有辦法鎖定那些潛在的觀眾。

網飛決定不使用前導劇來測試《紙牌屋》的接受度，此舉引發了電視界的懷疑。二〇一一年三月，《紙牌屋》成交的消息宣布不久，為AOL網路電視公司（AOL TV）撰寫電視評論的莫琳・萊恩（Maureen Ryan）列出了一長串理由，以說明她為何懷疑網飛播放《紙牌屋》不太可能成功。那篇文章在結尾處做出以下評論：

這裡還有哪些值得注意的危險警訊？網飛和MRC不先拍前導劇就直接簽下整齣劇，而且芬奇從未執導過電視劇。我們都愛嘲笑電視網的管理高層，但有時候那些高層確實知道自己在講什麼。在電視劇的歷史上，很多前導劇是做了很大的調整後，才變好看的——有些例子更是調整前後天差地別[8]。

省略前導劇那個環節，不是網飛與電視網高層的唯一差異。網飛不像傳統電視網那樣每週播一集來吸引觀眾，而是打算一口氣發布一整季十三集的內容，那是電視上史無前例的做法。電視節目的播放時間僅限於固定的播放表，那份播放表必須滿足所有觀眾的需求。一次播十三集會把當天的其他節目都排擠掉，網飛在這方面有明顯優於電視網的優勢：它的串流平台不限制觀眾在特定的時間觀看某集內容。觀眾可以在個人方便的時候觀賞影集，或是一口氣追完一整季的節目。據報導，有六十七萬人就是一口氣看完《紙牌屋》[9]。此外，觀眾也不必忍受廣告的干擾，畢竟他們都已經付了訂閱費，取得看劇時不受廣告干擾的權利。

除了為觀眾開啟新機會和新彈性以外，《紙牌屋》那種「一次發布整季內容」的策略，也為該劇的首席編劇威利蒙開創了新的創作機會和靈活度。編寫典型的每週電視劇時，他必須把每週的故事寫成剛好二十二分鐘或四十四分鐘的內容（端看那是一集三十分鐘或六十分鐘的戲劇而定）。接著，在那個固定的時間限制內，每集一開始需要騰出「前情提要」的時間，中間的劇情要考慮到插入廣告空檔的時點（廣告是節目的主要收入來源），每集的結尾還要吊人胃口，吸引觀眾繼續追下一集。但一次發布整季內容時，就沒必要考慮這些了。威利蒙說，他可以把精力完全用來創作一部「十三小時的電影」[11]。

知道網飛願意一次包下兩季，而不是像一般那樣只簽下六或十二集，也讓編劇有更多的時間可以鋪陳故事。「一開始編劇就知道那是二十六小時的節目，所以會照著那個格局去構思。」二〇一三年薩蘭多斯接受《好萊塢報導》（*The Hollywood Reporter*）的訪問時這麼說[12]：「我覺得我們賦予編劇不同的創意空間，戲劇也因此變得更好。」

網飛的訂閱商業模式和隨選內容（on-demand content）*，也提供編劇一些其他領域所沒有的創作自由。例如，威利蒙編寫的《紙牌屋》劇本一開始讓劇中的主角弗蘭克・安德伍德掐死一隻被撞傷的狗，那一幕令網飛內部一些來自電視界的資深人士深感不安。二〇一四年，威利蒙在亞斯本意見論壇（Aspen Ideas Festival）**上表示：「最初有一些人說：『你不能在劇中殺狗，你這樣一搞，開播三十秒內就失去一半觀眾了。』於是，我去找了導演芬奇，我說：

『嘿，老兄，我真的很喜歡這種開場方式，我覺得這樣開場真的可行，但有人說我們殺了那條狗會失去一半觀眾，你覺得呢？他想了一會兒後回應：『我一點都不在乎。』我說：『我也是。』他說：『那就做吧！』」[13]

對多數的電視劇來說，那種創作自由幾乎是無法想像的。在亞斯本意見論壇的同一場論壇上，資深業界人士麥可・艾斯納（Michael Eisner）表示，如果他在電視網播放的影集裡加入類似的暴力橋段，「電視網的總裁會打電話給我，董事長也會打電話給我，十分鐘內我就捲鋪蓋走人了。」

為什麼網飛播放這一幕沒問題，但電視網播放就有問題？首先，網飛的營收模式不是靠廣告，所以不必擔心劇中的爭議內容會得罪廣告商。第二，網飛是一個隨選串流平台，提供許多不同的影片選擇，所以它可以冒險在某些影片中加入可能冒犯各別訂戶的內容。在電視界，一

* 隨選內容：在網路串流平台，用戶可不受時間與空間的限制，可自由選擇並安排自己感興趣的內容。

** 亞斯本意見論壇：在美國科羅拉多州舉行，是全球各行各業頂尖人物的年度聚會，其宗旨是推廣具有前瞻性的理念，並探討當代具挑戰性的問題。

個時間點只能播放一個節目，所以那個節目必須迎合愈多觀眾愈好。但是，網飛訂戶若是對安德伍德的掐狗行徑有反感，他還可以從網飛十幾萬小時的影片庫中，挑選別的內容來看。事實上，網飛觀察各別觀眾對那一幕的反應時，就能蒐集觀眾偏好的資訊。誠如威利蒙所言：「如果你無法忍受掐狗的劇情，那齣影集可能也不適合你。」

掌握顧客資料，又可以為訂戶打造個人化的觀影體驗，使網飛在宣傳節目時也有新的選擇。目前的電視網是從尼爾森（Nielsen）*的估計和其他調查來了解觀眾的特質，但它們鮮少知道觀眾究竟是誰。即使它們知道，也沒有簡單的方法可以直接對那些觀眾宣傳內容。它們宣傳新劇的最好方法，是在類似節目的播出時段打廣告，以期該劇的觀眾對即將播放的新劇也感興趣。相反的，網飛了解各別的訂戶，因此可以為《紙牌屋》做更多的宣傳。它可以看到每個訂戶看過什麼影片、何時看、看多久、用什麼裝置看，接著再根據訂戶的觀影習慣來鎖定各別訂戶。網飛甚至還為《紙牌屋》推出了多支「預告片」[14]，其中一支的主角是史貝西（以吸引喜歡史貝西電影的訂戶），另一支的主角是該劇的女性角色（以吸引喜歡影片中有強勢女性領導的訂戶）；還有一支是把焦點放在該劇的影片製作細節上（以吸引喜歡芬奇電影的訂戶）[15]。

網飛努力擴大數位頻道的運用，以促進影片的發行和宣傳；相反地，電視網則是想辦法**限**

制數位頻道的使用，以避免數位頻道侵蝕電視網的收視和廣告收入。大型電視網覺得，新的數位頻道對當前的營收是一大威脅，因此審慎避免授權內容給數位頻道播放。這種想法是可以理解的，也難以苛責，畢竟扼殺下金蛋的鵝是拿自己的飯碗開玩笑。

電視節目授權讓數位頻道播放時，通常比電視播出的時間晚一到四天，以避免數位頻道分瓜了電視的收視。這是依循創意產業的標準做法：延遲產品在不同通路的供給，或是降低「低價值」產品（例如平裝書和DVD出租）的品質及可用性，以保護「高價值」產品（精裝書、藍光光碟）的營收——對業者來說，在「按項收費」（à la carte**）的商業模式中，差別定價（price discrimination）***是最有經濟效率的內容銷售方式。

但是，差別定價法若要發揮作用，業者必須有能力掌控貨源的供應、品質、可用性。在類比時代，業者在努力爭取下，至少還有機會維持那樣的掌控。但是在數位時代，業者的掌控力

* 尼爾森：全球著名的市場調研公司，專注於蒐集並分析消費者行為，尤以電視收視率調查為主要收益來源。

** à la carte：法語，按照菜單逐項點餐之意。

*** 差別定價：企業為滿足不同的消費層次需求，制定兩種以上不同的價格來販售產品或服務。

大減。數位時代的消費者不是只有兩種選擇（從電視看「高價值」的直播；或是等一到四天後，透過「低價值」的平台看數位版播放），他們有更誘人的新選擇：不花一毛錢看盜版（對電視台來說，這是「無價值」的選項），沒有廣告干擾，而且電視首播後，幾乎可以馬上看到高畫質的版本。這也難怪二〇〇八年高峰流量期間，檔案分享技術BitTorrent*的流量占北美網路總流量的百分之三十一。[16]

盜版在海外構成的威脅更大，海外影集的播放通常落後美國首播幾個月。這樣的延遲主要是因為以前的宣傳訊息大多是針對本土的消費者，海外消費者在收視方面別無其他選項。但是，如果你住在瑞典，臉書（Facebook）上的美國朋友在聊《穹頂之下》（*Under the Dome*）的新劇情，要你等兩個月才看到瑞典電視台播出新節目很難[17]，尤其你明明知道網路上已經有盜版可看了。

與盜版競爭的一種方法，是使盜版內容更難找到，也提高看盜版的法律風險。為此，那些製片商必須發出數千則通知給搜尋引擎和盜版網站，要求它們把那些內容從網頁和搜尋結果中撤除。這招可能有效，但需要持續不斷地執行，時時關注盜版的出現，有人把這個流程比喻成無盡的「打地鼠」遊戲[18]。

不過，網飛可以採取截然不同的策略來銷售《紙牌屋》。它的商業模式是透過整合平台（bundled platform）提供隨選內容。對多數的實體商品來說，大規模的整合套裝是不切實際的方法，因為各別產品的製作成本各不相同。但是數位化消除了製作成本，可以做到大規模的電影整合供應。事實上，經濟研究顯示，對業者來說，大規模整合比「按項收費」模式的獲利更好[19]。

整合模式也讓業者專注開發為顧客提供價值的新方法。差別定價若要奏效，需要降低某些產品的吸引力，讓它們只能吸引到想找便宜貨的消費者。網飛的執行長里德・海斯汀（Reed Hastings）稱這種做法是「安撫」策略[20]。網飛不用這種策略，而是把焦點放在便利及容易取得上：二〇一三年網飛在四十一國營運，那些國家的訂戶都可以用自己的裝置，透過簡單好用的單一平台觀賞《紙牌屋》或其他影片，不必擔心看盜版的法律、道德或技術風險。網飛甚至可以幫用戶追蹤每次影片的觀賞進度，讓訂戶在暫停觀看或切換裝置後，下次從之前停止的地方繼續看下去。藉由提供比盜版更多的服務價值，並針對這個加值服務收取合理的費用，網飛希

* BitTorrent：運用P2P技術的檔案分享程式，特色是下載同一檔案的用戶愈多，下載該檔案的速度愈快。

望讓多數的顧客覺得：它的串流頻道比盜版更有價值。表面看來，這種策略似乎奏效了。在二〇一一年的網路尖峰流量中，網飛占有的比例首度超越BitTorrent：網飛占北美網路流量的百分之二二・二，BitTorrent占百分之二一・六[21]。到了二〇一五年，兩者的差距又拉大了，網飛占百分之三六・五，BitTorrent僅占百分之六・三。[22]

簡言之，網飛的平台和商業模式，讓它比現有的製片商和電視網多了幾個明顯的優勢：

- 核准內容的新方法（仔細觀察觀眾的行為，而不是拍昂貴的前導片）
- 發行內容的新方法（透過個人化的頻道，而不是電視網頻道）
- 推廣內容的新方法（按個人偏好來發送個人化的宣傳訊息）
- 開發內容的新方法，限制較少（消除廣告插播以及三十或六十分鐘播放時段的限制）
- 給予編劇新的創作自由（隨選內容可以滿足特定觀眾的需求）
- 與盜版競爭的新方法（藉由提升觀眾的觀影方便度，而不是想辦法消滅盜版）
- 以內容盈利的新方法（透過隨選式的整合服務，而不是按項收費）

這些優勢或許意味著，網飛將成為數位影片播放的「贏家」。或許，事實不然。畢竟，網飛還面臨Google、亞馬遜（Amazon）、蘋果（Apple）的挑戰，這些業者憑藉著現有的事業，各自享有競爭優勢：有能力補貼內容以取得顧客資料、提高顧客忠誠度、銷售硬體。此外，網飛也面臨來自製片商的挑戰，目前片商正使用Hulu.com*之類的平台，以垂直整合跨入數位配銷市場。

我們不想在本書中預言，也不知道哪家公司會在娛樂業的下一階段勝出，但我們**確實**知道科技如何改變娛樂業。因為過去十年間，我們身為卡內基美隆大學海因茨學院（Carnegie Mellon University's Heinz College）的教授，領導了深入的研究計畫，以分析科技對娛樂的影響。我們與許多片商、唱片公司、出版商的頂尖人才合作，運用資料和統計分析來了解科技如何改變這些事業的某些面向。我們與這些公司的合作研究，探索了各大消費通路（包括合法或非法、數位或實體通路），也幾乎涵蓋了這些產業的各種行銷和策略選擇。我們的研究為版權

* Hulu.com：付費觀看正版影視節目的網路串流平台，由NBC環球集團（NBCUniversal, Inc.）、迪士尼ABC電視集團（Disney-ABC, Inc.）和福斯廣播公司（Fox Broadcasting Company）聯合投資成立，時代華納（Time Warner, Inc.）則於二〇一八年入股Hulu。

產業的事業發展及公共政策問題，提出了新見解。這些研究也讓我們有機會接觸到業界領導者及資料集，以解決上述問題；並了解到娛樂業者所面臨的挑戰，以及它們可用來克服挑戰的商業策略。

但我們研究這些具體問題時，也開始提出一個更廣義的問題：科技是否正在改變娛樂業的整體市場力量？

從歷史的角度來看，這個問題的答案似乎是否定的。過去一百年來，娛樂業的市場力量始終集中在三到六家出版社、唱片公司、製片商的手中。即使內容的製作、發行、消費方式已經出現巨幅的改變，這些壟斷市場的「巨擘」依然保有強大的市場力量。二十世紀出現了低成本的平裝本印刷、文書處理和桌上排版軟體、磁帶錄影（以及後來的錄影帶、CD、DVD）、廣播、電視、多廳電影院、隨身聽、有線電視，以及許多創新。然而，即使經歷過這些改變，那三到六家大企業依然掌控著整個產業，而且往往是同樣那三到六家。

這些大企業之所以能夠一直主宰市場，關鍵在於它們享有規模經濟，在爭搶稀缺的資源時，比小企業更有競爭優勢。透過規模經濟，這些大企業成功地掌控了宣傳及發行通路，並握有創作內容所需的技術和財務資源，還開發出吃定消費者的商業模式，使它們可以自由地決定消費者如何、何時、以什麼格式取得內容。

這些市場特色在整個二十世紀一直存在，所以很自然會讓人得出以下的結論：任何電算或通訊技術的改變，都無法撼動娛樂業的市場力量。但是，如果娛樂業是面對**多重**改變，而不光只是科技改變呢？如果電算與通訊技術的進步也帶來許多同步的改變，一起顛覆娛樂業的稀缺特質，從而改變市場力量和經濟獲利的本質呢？以數位科技帶來的以下變化為例：

- 數位配銷通路的發展，提供近乎無限的供給。這使得娛樂業的內容發行不再受到有限播放時段及實體貨架空間的限制。
- 全球數位盜版網路的出現，使內容製造商更難以透過人為的稀缺性（亦即業者決定消費者如何、何時、以什麼格式取得內容）來創造獲利。
- 低成本的製作技術，使娛樂業不再是少數業者的專利。掌握稀缺的財務和技術資源不再是必要條件。這項轉變使市場上大量湧現新的內容和創意。
- 市場上出現新型態的強大配銷商（亞馬遜、蘋果、網飛、YouTube）。它們運用無限的「貨架空間」來配銷新內容。它們也以新的規模經濟，在內容發行市場上取得全球主導地位。

• 先進電算及儲存設施的發展，讓這些強大的配銷商可以運用平台來蒐集、儲存、分析各別顧客的行為及偏好，並運用那些資料來管理一種全新的重要稀缺資源：顧客的注意力。

雖然很多領域的專家已經討論過創意產業的各別變化，但沒有人把所有的變化放在一起看，或運用資料來嚴謹評估所有變化的綜合效應，我們希望在本書中做到這點。根據實證經驗，我們認為，整體來看這些變化時，你會看到一群逐漸凝聚在一起的科技和經濟變化，一起改變這些市場的稀缺性質，很可能顛覆這些產業的力量和獲利基礎。事實上，這種轉變已經開始了。

這是影響每個人的議題。如果你是電影、音樂、出版業的領導者，你可能會想知道這些變化將如何影響你的事業，以及公司該如何應對。如果你是政策制定者，你可能會想知道這些變化將如何影響社會，政府如何確保這些攸關文化的產業持續蓬勃發展。如果你是娛樂消費者，你可能會想知道技術將如何改變市場上的創作內容，以及你如何取得那些內容。這本書為這些問題提供了答案。我們根據市場資料以及對娛樂業的了解，整合了研究發現，把十年來的研究成果濃縮於此。這本書分析了科技如何改變創意內容的市場，以及這些改變為何如今威脅到主宰娛樂業上百年的商業模式。我們也為各大出版商、唱片公司、片商提出了務實的因應之道。

我們希望你注意到上面那句話的結尾。許多專家有時沾沾自喜地預言，娛樂內容的創作者及市場注定毀滅，劫數難逃，因為科技正在改變娛樂業的稀缺本質。我們強烈反對這種看法，根據我們的研究，我們對創意內容市場的健全發展，仍抱持著樂觀的期許。資訊科技確實使一些商業模式的獲利變少了，但科技也促成更高程度的個人化、多元化、方便性，因此創造出為消費者提供價值以及幫業者獲利的新方法。

不過，除非你了解市場力量的歷史淵源，以及娛樂業的經濟利潤，否則你無法有效地追求這些新商機。在下一章中，我們將探討兩個基本問題：為什麼創意內容的市場是現在的模樣？哪些因素使少數的企業主導了這些創意產業？

2

歷史回顧

「別以擲骰子的方式賭上你的未來，別忘了雷擊從來不會落在同一地方。」

——休路易斯與新聞合唱團（Huey Lewis and the News），〈時光倒流〉（Back in Time）

不久前，一位娛樂業的高階管理者來我們的課堂上演講。他針對娛樂業的性質及當前的挑戰，提出了寶貴的觀點。但在某個論點上，他提到一件事，我們聽完都愣了一下。當時我們在討論網路的崛起，以及網路對他的產業有什麼影響。有人問道：網路會不會威脅到那些主宰市場數十年的少數幾家大公司。那位來賓認為不會，他說：「這個行業的原始參與者已經營運上百年了，它們之所以屹立不搖，不是沒有原因的。」我們覺得那個說法可以理解，但也發人深省。可以理解是因為，事實確實是如此，我們也聽過其他的管理高層提出幾乎一模一樣的看法。但我們之所以覺得發人深省，是因為那句話並未承認其他的事實：如今創意產業所面臨的技術變革和以前截然不同。那些改變威脅了娛樂業的既有架構，產業的領導者必須了解改變並好好應變，才能讓事業繼續蓬勃發展下去。

在思考變革以前，我們先來探索那位高階管理者的回應背後，市場的現況究竟是什麼樣子。為什麼娛樂業的市場力量集中在少數幾家公司的手中？是什麼經濟特質讓那些音樂界、電影界、出版界的巨擘主宰市場，凌駕小型對手？為什麼科技常為娛樂商品的創作、宣傳、發行帶來重大的改變，但上述特質依然存在？

由於第一章已經討論過電影業了，為了增加討論的多元性，這一章我們把焦點放在音樂產業上[1]，因為這些創意產業經歷的演變大致相同。這裡的動機很簡單，想了解二十一世紀的科技可能對創意產業造成怎樣的破壞，我們需要先了解這些產業在二十世紀的演進。

在十九世紀末期以前，音樂產業主要是指音樂**發行**產業。如果你喜愛一首歌，想買回家聆聽，你是購買樂譜，亦即有版權、印刷發售的樂譜冊。你是在商店或小攤子購買樂譜，接著回自家客廳以鋼琴彈奏，於是你有了家庭娛樂系統。當時紐約是樂譜業的核心，尤其是名為「叮砰巷」（Tin Pan Alley）*的曼哈頓地區。拜中產階級的成長所賜，十九世紀末，樂譜的銷售蓬勃發展。一八九二年，光是查爾斯．哈里斯（Charles K. Harris）的一首歌〈舞會後〉（After the Ball）[2]，就賣了兩百萬份。為了因應需求的成長，音樂發行商努力網羅人才，跟他們簽約，期待他們創作出悅耳好記好彈又有流行魅力的歌曲。音樂產業的未來發展方向似乎很明朗。

然而，此刻，變化正在醞釀中。早在一八七七年，年輕的發明家愛迪生在嘗試修改電報時，就發明了一種可以錄製、儲存、播放聲音的設備。那是由一個喇叭口、一個隔膜、一支唱針、一個包覆錫箔紙的滾筒所組成，操作簡單：錄音時，只要一邊以手柄轉動滾筒，一邊對著喇叭說話就行了。你的聲音會使隔膜震動，帶動隔膜上的唱針把震動刻錄在錫箔紙上。播放音樂時，則是把上述的流程顛倒過來：將唱針放在錫箔紙最前面的刻痕上，開始轉動滾筒。唱針沿著錫箔片的刻痕移動時，就會導致隔膜振動並發出聲音，喇叭會放大那個聲音。這時你之前錄下的聲音就會從喇叭口悠悠地傳出，彷彿隔著牆壁聽到似的。愛迪生馬上以「留聲機」（phonograph）這個名稱，為這個發明申請了專利。不過，就像許多新科技那樣，一開始愛迪生也沒發現留聲機的潛力，因為機器的錄音品質不好，而且每台機器都必須逐一打造，所以留聲機在當時只是一種新奇的玩意兒罷了。不到一年，愛迪生就把焦點轉向另一個新奇事物了：電燈。

不過，其他人仍繼續摸索那個點子。一八八五年，有人為另一個與留聲機競爭的裝置申請專利，並把它命名為「劃音機」（graphophone），它是以蠟筒、而不是錫箔來刻錄聲音。

* 叮砰巷：指美國紐約市第二十八街，此為音樂出版商和作曲家聚集之處，因巷子內的琴聲宛如敲擊錫盤聲，故得此名。

這項發明又吸引愛迪生回頭研究，一八八八年，他發明所謂的「改良版留聲機」，也是使用蠟筒。不久之後，一位富商買下這兩項發明的專利，成立北美留聲機公司（North American Phonograph Company）。他的商業計畫是把這台機器定位成辦公室的聽寫機來販售。那個計畫後來失敗了，不久公司就面臨倒閉危機。此時愛迪生嗅到了商機，買回留聲機的專利權，最後終於想出辦法靠這種機器獲利：放在娛樂場所作為投幣式「點唱機」。

一八八九年，愛迪生和一家名叫哥倫比亞留聲機公司（Columbia Phonograph Company）的點唱機製造商各自開始販售刻在蠟筒上的音樂，於是音樂**錄製**產業就此誕生，但這時又有新的改變正在醞釀中。同年，市場上出現另一種叫「圓盤留聲機」（gramophone）的錄音裝置。那是一八八七年由艾米爾・貝林納（Emile Berliner）發明及申請專利的東西。那個機器跟留聲機及劃音機一樣，也是以振動的唱針來錄製聲音。不過，它不是使用滾筒，而是採用可輕易複刻的扁平圓盤，又稱為「唱片」。一八八九年，貝林納為玩具行製作出第一批唱片。一八九〇年代中期，他開始對一般大眾販售圓盤留聲機和唱片，直接和愛迪生及哥倫比亞公司生產的留聲機和蠟筒競爭。由於唱片可以量產，又比蠟筒更好收納，在競爭中享有明顯的優勢，很快就可以明顯看出唱片會成為業界標準。不久，爆發了法律訴訟，哥倫比亞公司聲稱貝林納的圓盤留聲機侵犯了它的專利權。一九〇一年，法官裁定兩家公司都可以製作唱片，一般認為那項判決對貝林納來說是一大勝利。為了紀念那次勝利，貝林納與合夥人一起成立了勝利留聲機公司（Victor Talking Machine Company）。

勝利與哥倫比亞這兩家公司很快就主宰了這個產業。愛迪生在誤判情勢下，繼續使用蠟筒。直到後來才更換成唱片，甚至還發明一種錄音技術，可以製作出音質比競爭對手更好的唱片，但這時消費者已經習慣音質普通的便宜技術。後來，同樣的情境在娛樂業的歷史上一再出現：囊括新市場的公司通常很早就察覺商機，先推出「夠好」的技術把消費者套牢在自家的平台上，接著才去改善技術。

在二十世紀的最初二十年間，勝利和哥倫比亞都發現，唱片才是它們的主要產品，播放唱片的機器並非主要產品。所以它們也據此調整，把自己定位在市場中間，以取得最大的掌控權和獲利。它們一方面開始雇用唱片藝人，藉此掌控音樂製作的上游。另一方面，它們也負責唱片的生產、發行和宣傳，藉此掌控音樂銷售的下游。叮砰巷仍持續為詞曲創作者管理版權。

這個策略使唱片版稅很快就變成音樂產業中的主要獲利來源。一九一五年，光是勝利公司的唱片銷量就高達一八六〇萬張。有人估計，一九一〇年代初期，全球唱片的總銷量約五千萬張。一九二〇年，一次大戰已結束，美國的唱片銷售量接近一・五億張。此時，音樂產業的未來發展方向似乎又明朗了起來。這種情況持續到一九二三年廣播問世時，唱片銷量下滑了幾年，一度還危及哥倫比亞公司的存活。但同一時期，電子錄音與播放功能的出現，以及音質的大幅改善，又讓唱片銷量迅速止跌回升。一九二九年，「圓盤留聲機熱潮」席捲全球，唱片業欣欣向榮。

後來進入經濟大蕭條時期，一九二九至一九三三年間，美國唱片銷量暴跌，從一・五億張縮減到只剩一千萬張。樂譜銷售也一落千丈，而且日後在音樂界的營收比重再也回不到往日榮景。公司為了生存而合併，因此掀起了一波合併潮，使音樂產業變成真正的寡占市場。二〇〇〇年哈佛商學院出版的個案分析〈BMG娛樂〉（BMG Entertainment）精闢地描述了那段轉變：

愛迪生的公司倒閉了。之前因廣播普及而蓬勃發展的美國無線電公司（Radio Corporation of America，簡稱RCA）收購了勝利公司。一九三一年，相互競爭的哥倫比亞公司、帕洛風公司（Parlophone）、留聲機公司（Gramophone Company）合併成為電子與音樂實業公司（Electric and Musical Industries，簡稱EMI），總部設於英國。美國EMI的營運是交由廣播網CBS負責。這時合併出來的公司——RCA／勝利、EMI、CBS唱片——引領後續幾十年音樂界的發展。事實上，它們就是一九九九年主宰音樂界那五大唱片公司裡的三家[3]。

一九三〇年代與一九四〇年代，新的唱片公司崛起，其中最著名的是迪卡（Decca）。不過，整個音樂產業還是掌握在少數幾家大公司的手中。前述那篇哈佛個案寫道：「一九四六到一九五二年間，有一百六十三張唱片的銷量成為『金唱片』，其中的一百五十八張是出自當時的六大唱片公司，RCA／勝利公司和迪卡囊括了《告示牌》（*Billboard*）熱門流行唱片榜單的百分之六十七。[4]」

這種寡占為大公司帶來了豐厚的獲利，但也容易遭到「下個重大事件」的衝擊：一九五〇年代的搖滾樂熱潮就是它們遇到的第一個衝擊。起初，大公司根本不把那種音樂類型放在眼裡，它們覺得那是一時的潮流，只吸引那些沒什麼消費力的青少年，充其量只是小眾。一位兒童發展專家接受《紐約時報》（*The New York Times*）的訪問時提到，查理斯敦舞（Charleston）和吉魯巴（Jitterbug）等流行一時的舞蹈後來怎麼了，接著又說：「搖滾樂也會退燒，就像其他的流行一樣。[5]」

當時，主流聽眾也對搖滾樂的品質不以為然。《時代》雜誌（*Time*）評論：「就音樂來說，那就像寧靜的週日午後出現全速飆車的機車族一樣。[6]」法蘭克・辛納屈（Frank Sinatra）*的反彈更是激烈，他接受一家巴黎雜誌的訪問時表示：「搖滾樂聽起來很虛假，大多是低俗者演奏及創作的，採用近乎無腦式的重複手法，搭配狡黠、猥褻、粗俗的歌詞……成為世上每個不良少年的主題曲。[7]」

不止辛納屈覺得搖滾樂低下粗俗。《紐約時報》也傳達了全美各地議論紛紛的問題：「這個叫搖滾樂的東西究竟是什麼？為什麼它會讓青少年——尤其是十二到十六歲之間的孩子——趨之若鶩，拋開一切心理壓抑，彷彿參加奮興布道會似的？究竟誰或什麼因素該為這種誤人子弟的東西負責？這些年輕世代即將毀滅了嗎？」接著，《紐約時報》把搖滾樂歸因於「黑人」根源，它說黑人為那種音樂提供了「狂熱」節奏，帶有「叢林般桀驁不馴」的特質[8]。在美國南方，種族隔離主義者趁機抓住那個概念，宣稱搖滾樂是「黑人想要顛覆上帝價值觀的陰謀」[9]。在美國北方，一位知名的精神學家說搖滾樂是「食人族和部落主義」的音樂，是一種「傳染病」[10]。全美各地的社群領導者紛紛號召大眾，抵制那些播放搖滾樂的廣播電台[11]。政府官員也禁止搖滾音樂會開唱，擔心那會導致大家歇斯底里。波士頓的市長約翰・海因斯（John B. Hynes）宣稱：「那種表演會吸引鬧事者及不負責任的人前來，波士頓不容許那些人進入。[12]」

不是每個人都認同上述看法，廣播節目主持人艾倫・弗里德（Alan Freed）不僅捍衛搖滾樂，更積極地宣傳。他主張那種音樂對年輕人有自然的吸引力，他覺得年輕人去劇院聽歌、跳舞、發洩精力，比上街鬧事更好。他告訴《紐約時報》：「孩子對任何音樂感興趣，我們都應該謝天謝地，因為孩子感興趣時，就會從裡頭找到自我。他們長大後，品味會變得更廣，逐漸喜歡各種音樂。[13]」

弗里德比各大唱片公司更有先見之明，大型唱片公司擔心它們若是接納搖滾樂，會因此疏

* 法蘭克・辛納屈：二十世紀著名美國男歌手，音樂類型偏向搖擺樂與爵士。

離主要聽眾，有損公司的聲譽。它們覺得搖滾樂只有小眾魅力、音質不佳，又有威脅文化的感覺，所以它們決定繼續守著獲利多年的搖錢樹：成人市場。

當然，那是一大失策。後來搖滾樂愈來愈紅，小巧的獨立唱片公司在幾乎毫無後顧之憂下，踏入了搖滾樂的領域。一九六二年，有四十二家唱片公司推出的作品上了暢銷榜，這時大型唱片公司終於驚覺到自己誤判局勢，開始大張旗鼓地和搖滾明星簽約，以便急起直追〔RCA簽下貓王，迪卡簽下巴迪．霍利（Buddy Holly）〕，但是之前的盲目愚昧使它們付出慘痛的代價：一九五〇年代的後半期，共有一四七張唱片登上前十名的榜單，其中有一〇一張是獨立唱片公司發行的。所以，一九五〇年代到一九六〇年代，大型唱片公司暫時失去了市場掌控力。

不過，後來它們又重掌江山，因為音樂產業的經濟架構比較有利於集中發展，大公司比小公司更有本錢在產業中長期生存。隨著音樂產業的規模和複雜度逐漸變大，在這個產業裡營運愈來愈需要善用規模經濟的效益。大型唱片公司比較有能力承擔錄製音樂及宣傳藝人的高昂固定成本，可以發行多張唱片來分擔開銷及分散風險。此外，面對宣傳通路、配銷通路、藝人時，大型唱片公司憑其龐大的規模，擁有較強的議價力。所以，當廣播變成重要的宣傳工具時，大型唱片公司享有明顯的優勢。它們有強大的力量，可以確保自家的音樂幾乎占滿廣播頻道的音樂播放時間；還可以付費給廣播電台，要求電台播放特定的歌曲。

到了七〇年代中期，大型唱片公司已經恢復業界的主導地位，再次掌握音樂上游的藝人，以及下游那些鬆散無力的配銷商和宣傳商。一九八〇年代和一九九〇年代，它們併吞了許多較小的唱片公司。一九九五年，根據前述那篇哈佛個案研究，全球唱片業有近百分之八十五是由六大唱片公司掌握：BMG娛樂公司、EMI、索尼音樂（Sony Music Entertainment）、華納音樂集團（Warner Music Group）、寶麗金（Polygram）、環球音樂集團（Universal Music Group）。

一九九〇年代接近尾聲時，所有的創意產業都蓬勃發展。在音樂方面，唱片和錄音帶已經讓位給CD。CD的利潤非常龐大，究竟有多大呢？一九九五年，國際唱片業協會（International Federation of the Phonographic Industry，簡稱IFPI）的報告指出：「預錄音樂的年銷量達到歷史新高，銷量高達三十八億張，總值近四百億美元。」、「目前的銷售總數比十年前高出百分之八十」，「同期全球音樂市場的實際價值翻了兩倍以上。[14]」

二十世紀的多數時間，音樂產業的基本結構保持不變。一群專門生產與銷售單一發明（留聲機）而興起的企業，設法在動盪的幾十年間，主宰了一個逐漸擴張的產業。這個產業不斷地擴張，涵蓋各種相互競爭的發明和技術創新，包括不同尺寸與音質的唱片；優質的收音機使音樂更加普及，也改變了宣傳的性質；八軌磁帶使錄音及播放的機器更方便攜帶；錄音帶不僅改善便攜性，也使非授權的複製變得更容易；MTV推出一種新的宣傳通路，鼓勵不同類型的音樂消費；CD以驚人的速度取代唱片和錄音帶。這整個過程中，除了搖滾樂流行時大型唱片公司暫時受挫以外，其餘的時間都是大型業者主宰產業。能做到這樣，確實很了不起。它們究竟是怎麼辦到的呢？它們利用規模把兩件事做得很好：管理成本及新內容上市的風險；嚴密控管供應鏈的上下游。

我們稍微來解析一下，從風險管理開始談起。在創意產業裡，想要預測哪些藝人或產品會走紅，極其困難。編劇威廉・高德曼（William Goldman）在回憶錄中回顧電影業時，以下面的文字總結了問題所在：「整個電影業裡，沒有人敢肯定什麼東西會紅。每次推出新片都是一次臆測，幸運的話，頂多是有根據的推測。」所以他的結論是什麼呢？「沒有人知道任何東西。[15]」

套用實務的說法，這意味著，二十世紀的多數時間，創意產業在尋找人才時，只能全憑「直覺」。在無法事先得知新藝人或新專輯上市後的人氣下，唱片公司只能做最不科學的預測。它們可以找來焦點小組，或是研究以前藝人現場表演時的觀眾人數，但這些都只是根據極小的樣本做非常粗略的估計，若是套用在更廣大的母體上，統計價值都令人存疑。因此，唱片公司通常需要依賴內部的「藝人與產品發展部門」（artist & repertoire，簡稱 A&R），這個部門的人是以「直覺」過人而獲得唱片公司的青睞。

大公司確實都認同一項成功要素：它們有能力以高額的簽約金簽下新藝人並大作宣傳。一九九〇年代，大唱片公司約花三十萬美元宣傳及推出一張典型的新專輯[16]，萬一專輯的銷量不好就無法回本了。而且，那些成本在後來的二十年間持續增加，二〇一四年IFPI的報告顯示，大唱片公司為了幫新人「出道」，要花五十萬到兩百萬美元。其中僅百分之十到百分之二十的藝人能夠回本，當然，能夠走紅的藝人又更少了。但是，唱片公司憑著那些少數竄紅的新人，就可以撐起其他的事業。誠如IFPI所言：「那些少數大賣的專輯所創造的營收，讓唱片公司得以持續冒險投資在旗下藝人上。[17]」就這方面來說，創意產業的大型業者都很像創投業者，它們做連串的冒險投資，完全知道多數的投資會賠錢，但有些投資的龐大獲利超過了那些賠錢投資的總和。再加上公司的規模龐大，它們可以安然度過時運不濟，不像小公司往往撐不過去。

規模也使大公司比較容易吸引到上游人才。大公司有豐厚的財力可以從小公司挖角，獨立唱片公司的藝人開始引起關注時，大公司通常會奉上優渥的簽約條件，把藝人拉到旗下。這一切又更加鞏固大公司在業界的主導地位。旗下有熱門紅星及竄紅的新星，讓大公司更有威信吸引新秀上門。那些成名藝人所帶來的營收，可以資助唱片公司宣傳新秀時所投入的賭注。

對唱片公司來說，找到及簽下有潛力走紅的藝人只是任務的開端而已，下游的宣傳和發行也一樣重要。唱片公司一旦簽下藝人，並把藝人栽培成明星，幾乎都要花大錢才能讓聽眾從廣播中聽到藝人的歌曲、讓藝人的專輯進入商店販售，以及安插新人為明星的演唱會暖場。唱片公司必須竭盡所能地吸引大眾注意到旗下藝人，而它們那樣勞心勞力的意願也成為吸引藝人來簽約的重要方法。大唱片公司不只用心尋找新秀而已，它們也想盡辦法幫新秀走紅。它們的宣傳和發行決策當然也是一種賭注，而且風險很大，所以小唱片公司難以與之匹敵（跟上游一樣）。

以在廣播電台宣傳新歌為例。一九五〇年代，廣播已經變成唱片公司宣傳音樂的主要通路，但市場競爭激烈。據估計，一九九〇年代，大唱片公司每週約發行一百三十五支單曲及九十六張專輯，但廣播電台每週的播放清單只會增加三、四首新歌[18]。所以，唱片公司必須使出渾身解數，讓旗下的新歌可以在電台上播放。通常這表示唱片公司需要向廣播電台承諾，讓電台接觸到大公司旗下的大牌藝人（包括提供演唱會門票、後台通行證、上電台受訪），以交換電台播放新人的歌曲。

大唱片公司也會買通電台，亦即私下付錢賄賂廣播主持人和電台，以求廣播節目播放特定的歌曲。例如，一九九〇年代與二〇〇〇年代初期，唱片公司常支付獨立宣傳者數千美元，以確保旗下藝人的新歌可以透過多種宣傳手法，擠進廣播節目的播放清單[19]。大唱片公司通常把心力放在全美各地的兩三百個電台（所謂的「通報電台」），那些電台每週會把播放歌單傳送給播歌資料系統（Broadcast Data Systems，簡稱BDS），BDS再利用那些歌單來判斷哪些唱片擠進「榜單」[20]。二〇〇三年，音樂未來聯盟（Future of Music Coalition）的共同創辦人兼會長邁克・布雷西（Michael Bracey）一語道盡了這套運作方式：「讓你的歌曲在廣播節目裡播放，往往和你在當地有多少歌迷或音樂的品質無關，而是看你能找到多少資源搞定層層關卡，使歌曲順利擠進播放清單。[21]」

不過，要是沒有配銷，光是宣傳也沒用。唱片公司若要賺錢，必須讓消費者買得到宣傳通路聽到的音樂。在網際網路出現以前，零售貨架的空間有限，多數唱片行只進一些商品，整家店可能只賣三千或五千張唱片。即便是一九九〇年代的超級唱片行，有華麗的多層空間以及專為各類音樂設計的隔音室，整家店也只有五千張到一萬五千張專輯[22]。就像廣播一樣，大唱片公司必須以誘人的好處來換取關注。為了說服店長把稀有的貨架空間拿來陳列新專輯，唱片公司會善用旗下藝人來造勢，例如提供店內訪問、提供試聽帶或免費商品等等。為了讓每個人都注意到旗下最紅的巨星，唱片公司在巨星發片時，還會付費請零售店為新專輯做特別醒目的陳列。

在市場的下游方面，大唱片公司因規模大、權力大、財力雄厚，可以對宣傳和配銷通路施加嚴密的掌控。它們擁有音樂家和音樂；它們能製作唱片、錄音帶和CD；它們可以決定和廣播電台及零售店的合作條件。對此，電台和零售店幾乎都只能乖乖接受。這一切也反過來幫大公司維護了它們對藝人的掌控權，藝人為了讓專輯出現在宣傳和配銷通路上，選擇有限，只能接受大公司的條件。藝人通常也沒有本錢負擔下游的成本，或自行承擔生產、製作、發行音樂的風險。

在本章一開始，我們問道，為什麼同樣那幾家公司主宰二十世紀大多時候的音樂產業。答案可分成兩方面。首先，產業的經濟特質對大公司有利，它們有本錢承擔生產內容的成本和風險，它們可以運用規模來維持對上游藝人及下游宣傳和配銷流程的密切掌控。第二，在二十世紀末以前，任何科技改變都還不足以威脅到大公司所享有的規模優勢。

電影和出版業也有類似的模式。二十世紀末，迪士尼、福斯、NBC環球、派拉蒙（Paramount）、索尼、華納兄弟等六大片商掌控了八成以上的電影市場[23]。藍燈書屋（Random House）、企鵝（Penguin）、哈潑柯林斯（HarperCollins）、西蒙舒斯特（Simon & Schuster）、樺榭（Hachette）、麥克米倫（Macmillan）等六大出版集團囊括了美國近一半的專業出版市場[24]。這些大型出版商和片商就像大型唱片公司一樣，掌控創作內容所需的財務和科技資源（一位電影公司的高管告訴我們：「觀眾愛看大爆破場面，爆破很花錢。」），也掌控市場下游的宣傳和配銷資源。這些資源都非常稀缺，二十世紀出現的科技進步都不足以削弱這些規模優勢。

到了一九九〇年代，這個模式已在創意產業中根深柢固，而且持續帶進獲利，所以看起來幾乎成了一種自然定律。這也是為什麼即使是二十年後，那位來卡內基美隆大學演講的高管依然自信地宣稱，網路不會威脅到他的公司在市場上的強大地位。我們覺得他自信過頭了，在本書的第二單元，我們會解釋原因。不過，在那之前，我們來談一下需要先了解的知識：創意內容的經濟特質，以及這些特質如何影響娛樂業商業模式的定價和行銷策略。

3

只要多付點錢

「兩個獵人追捕同一獵物時，最後往往射到彼此的背，我們不想這樣互相殘殺。」

——道格拉斯・莫迪默上校（Douglas Mortimer），《黃昏雙鏢客》（*For a Few Dollars More*）

「**資訊渴望免費流通**，資訊也渴望變得昂貴。資訊之所以渴望免費流通，是因為散布、複製、重組的成本已變得如此便宜，便宜到微不足道。資訊之所以渴望變得昂貴，是因為它對接收者來說可能有難以估量的價值。那樣的矛盾永遠不會消失。」

——史都華・布蘭德（Stewart Brand），《MIT媒體實驗室》（*The Media Lab: Inventing the Future at MIT*），202頁

我們在第二章談到創意產業中影響市場力量的經濟特質。本章裡，我們將討論創意內容本身的經濟特質；這些特質如何影響定價和行銷策略；以及這些策略在數位市場中可能出現什麼變化。一開始我們先回到二〇〇九年，當時某大出版集團的市調長帶了一個簡單、但重要的商業問題來問我們：「什麼是電子書？」

多年來，出版商一直遵循出版業販售商品的既定策略：先以高價發行高品質的精裝書；九到十二個月後，再以較低價發行品質較低的平裝書。面對這種既定的策略，那位出版業的市調長說：「我知道去哪裡發行精裝書，也知道去哪裡發行平裝書，但什麼是電子書？我該把它定位在發行策略的哪裡？」

他來找我們以前，那家出版商已經試過同步發行精裝書和電子書。不過，公司對這種決定依然有所質疑，它們看到其他出版商宣布延後發行電子書，等精裝版上市一段時日後才讓電子書上市，以保障精裝書的銷量。例如，二〇〇九年九月，哈潑柯林斯的執行長布萊恩・莫瑞（Brian Murray）宣布，他們將在莎拉・裴琳（Sarah Palin）的回憶錄《桀驁不馴》（*Going Rogue*）的精裝版發行五個月後才推出電子書，以「盡量加快聖誕節前的精裝書銷售速度」[1]。同樣地，二〇〇九年十一月，衛康／史克萊柏納公司（Viacom / Scribner）也宣布，它將延後史蒂芬・金（Stephen King）的新小說《穹頂之下》的電子版六週，該公司表示：「這種出版順序讓我們有機會盡量提高精裝本的銷量。[2]」樺榭出版集團和西蒙舒斯特又更進一步，它們於二〇一〇年初宣布，延後所有重點新書的電子版發行約三、四個月[3]。

這些出版商各自心照不宣的假設是，電子書是精裝書的近似替代品，如果讓電子書和精裝書同步發行，許多以前會買高價精裝書的顧客會改買低價的電子書[4]。這個假設表面上看起來很合理，但驗證起來有點棘手，因為我們只能看到市場上實際發生的現象，無法觀察同一本書運用不同策略時，有什麼不同的結果。例如，衛康可以輕易衡量它延遲發行《穹頂之下》電子書時，精裝書和電子書的實際銷量，但無法衡量兩者同步上市時的銷量，經濟學家稱這種情況為「**反事實**」（counterfactual）*。而經濟學這門學問大多是在開發創意手法，以便用既有的資料來估計反事實。

在延後電子書發行的情境中，你也許想要比較「同步發行精裝書與電子書」和「延後幾週發行電子書」的書籍銷售，以藉此估計反事實。如果電子書的發行是不同的書延後的時間各不相同（例如有些書延後一週，有些書延後兩週），研究者甚至可以做簡單迴歸（simple regression）分析，運用電子書延後發行的週數（自變數）來預估精裝書的銷量（依變數）。只要延後的書和沒延後的書幾乎一樣，那種分析方法就可能奏效。

問題是，延後的書和沒延後的書並不一樣，而且出版商比較可能延後那些它們認為精裝本銷量較好的書，那表示同步發行的書基本上就跟那些延後發行的書不同。所以，即使觀察電子書延後發行和精裝書銷量變化的關係，我們也無法確定精裝書銷量的改變究竟是因為電子書延後發行，還是跟挑選的書籍類型差異有關。經濟學家稱這種現象為「內生性」（endogeneity）：未觀察到的因素（例如書籍的預期熱門度）影響自變數（電子書是否延後及延後多久）和依變數（銷量結果）時所發生的統計問題。在「內生性」存在下，若要確立因果關係，需要找到一個改變自變數、但又不受依變數影響的事件。

確立因果關係的終極標準是進行隨機實驗，亦即研究者可以隨機改變自變數，並測量依變數的變化結果。例如，出版商可以隨機把旗下的圖書分成不同的組別，其中幾組延後發行電子書一週，有些組延後兩週，有些延後三週，依此類推。遺憾的是，這種隨機實驗很難進行，原因很多，其中包括：作者和經紀人反對出版商拿他們賴以為生的作品來做實驗，畢竟實驗可能

* 反事實：針對已發生的情況，設想與事實相反的可能性。

導致銷量下滑。事實上，我們嘗試了好幾個月，想跟本章一開始提到的那家出版商合作，一起設計一套隨機實驗，但最後依然無法減少作者和經紀人的擔憂，他們深怕實驗影響了銷量。

如果隨機實驗不可行，退而求其次的選擇，是找跟隨機實驗很像的自然發生事件。二〇〇九年，那樣的事件發生了。與我們合作設計實驗的那家出版商跟亞馬遜發生定價爭議，那場爭議在四月一日達到高潮，出版商乾脆移除它在亞馬遜Kindle*上的所有圖書。亞馬遜依然可以販售該出版商的精裝本，只是無法販售電子書罷了。但雙方後來很快就和解了，六月一日出版商恢復它在亞馬遜上的電子書銷售，也恢復之前同步發行精裝書和電子書的策略。左頁表3.1歸納了爭議期間出版商電子書延後發行的狀況。從那張表可以發現，如此衍生的電子書延遲，很接近隨機實驗可能發生的延遲。在爭議第一週發行的精裝書（四月四日），等於是延後發行Kindle格式八週（六月一日）。同理，四月十一日出版的精裝書，等於是延遲發行Kindle格式七週。依此類推，四月十八日發行的精裝書是延後電子版六週，四月二十五日發行的精裝書是延後電子版五週……五月二十三日發行的精裝書是延後電子版一週。更重要的是，無論是事件發生的時間，或事件期間的圖書發行時間表，都不受圖書本身的預期熱門度所影響，因此未延後書籍的銷量可以用來預測那些延後書籍「若未被延後」的可能銷量。在這個例子中，如果要測試延後電子書對銷量的影響，只要比較延後書的銷量（爭議期間發行的書）和未延後書的銷量（爭議前和爭議後發行的書）就好了[5]。

不過，在討論分析結果以前，我們先來看出版商區分精裝本和平裝本的背後經濟原理。為什麼要讓想買平裝本的顧客等待近一年的時間呢？為什麼不同時發行精裝本和平裝本？為什麼要有兩種不同的版本？

從最高層級來看，這些問題其實只

* kindle：亞馬遜生產的電子書閱讀器，可連上亞馬遜直接購買、下載與閱讀電子書。

表3.1：二〇〇九年六月一日某大出版商和亞馬遜爭議期間，Kindle電子書的延後發行狀況

	紙本發行日	Kindle 發行日	Kindle 延遲週數
四月一日以前	紙本與Kindle同步發行		0
四月四日那週	四月四日	六月一日	8
四月十一日那週	四月十一日	六月一日	7
四月十八日那週	四月十八日	六月一日	6
四月二十五日那週	四月二十五日	六月一日	5
五月二日那週	五月二日	六月一日	4
五月九日那週	五月九日	六月一日	3
五月十六日那週	五月十六日	六月一日	2
五月二十三日那週	五月二十三日	六月一日	1
六月一日以後	紙本與Kindle同步發行		0

資料來源：胡宇（Yu Jeffrey Hu）和邁克・史密斯（Michael D. Smith），〈電子書發行對紙本書銷售的影響〉（The Impact of eBook Distribution on Print Sales: Analysis of a Natural Experiment），研究報告，卡內基美隆大學，2016

有一個基本的經濟學答案：公司想盡量提高獲利。不過，圖書及許多資訊類商品的經濟特質，使「提高獲利」這個目標變得更加複雜。第一，開發及宣傳初版圖書的成本（經濟學家稱之為產品的固定成本）比再版的成本（經濟學家稱之為邊際成本*）大很多[6]。第二，圖書的價值因顧客不同而有很大的差異，死忠書迷願意付出高價，普通書迷只願支付較低的價格，很多顧客可能連付費都不願意。第三，消費者可能一開始也不曉得他們願意為一本書付多少錢。書籍和其他的資訊類商品是經濟學家所謂的「經驗財」（experience goods），亦即消費者必須體驗過商品後，才能確切知道商品對他們的價值。這當然為賣家帶來了問題，因為顧客讀過書以後，可能就不太願意花錢買書了。所以，賣方必須拿捏平衡，一方面提供足夠的資訊，讓消費者了解那個商品的價值；另一方面，賣方也必須限制提供的資訊量，讓消費者仍想要購買商品。

這些特質導致圖書和其他資訊品的賣家在市場上面臨幾個挑戰。本章中，我們把焦點放在這三項挑戰上：使商品創造最大獲利，幫消費者發現自家商品，避免相關商品的直接競爭。

創造獲利

不同的顧客對同一本書的價值觀感可能截然不同，再加上再版的邊際成本很低，所以出版商會說服「高價值」的顧客支付高價買書，但也讓「低價值」的顧客可以支付低價買書，以便從市場上提取最大的獲利。然而，當顧客可以自由地挑選商品，但公司只以單一價格販售一種商品時，公司無法盡量提高獲利。如果出版商只以高價賣書，它可以從高價值的顧客賺到錢，但也放棄了低價值顧客的生意，因為他們只肯在低價時購買。相反地，如果出版商只訂一個低價，它可以從高價值和低價值的顧客賺到錢，但也白白放棄了高價值顧客的高利潤。

當然，這些說法不只適用在書籍和其他的資訊商品上，也適用於消費者心中有不同價值的市場上。不過，這個議題之所以對資訊品來說比較顯著，主要有兩個原因。第一，改變資訊品的品質和可用性，比改變實體商品來得容易。如果你想製造更大的引擎或更高級的汽車音響，那需要投入更多的成本。但是製造精裝書只比平裝書的成本多一點點；如果是數位商品，成本

＊邊際成本：亦作「增量成本」，指的是每增產一單位的產品（或多購買一單位的產品）所增加的成本。

差異可能近乎零。例如，製作高解析度電影的成本，幾乎跟製作標準解析度的成本差不多。同理，把電視節目製成可上網串流播放的影片，幾乎跟製作可下載及觀賞多次的版本差不多。第二，資訊品多製造一份的邊際成本幾乎是零。這點為數位商品創造出來的市場，遠比實體商品的市場龐大很多。例如，製造一輛車的成本是一千五百美元，不願支付那個邊際成本的人都會被隔絕在市場外。但是，如果多製作一本書的邊際成本是零，每個人都是潛在顧客。

所以，資訊品的賣家特別需要想辦法同時提高來自高價值顧客和低價值顧客的獲利。其中一種做法是說服消費者明確或隱約透露他們願意支付多少錢——這需要一套策略，經濟學家稱之為「差別定價」。為了完全區別對產品有不同價值觀感的消費者，出版商和其他資訊品的賣家需要確切知道每個顧客願意支付的價格。有了那些資訊，又可以避免高低價值顧客之間相互套利時，賣家就可以對每個顧客收取他願意支付的最高價格[7]。經濟學家亞瑟・庇古（Arthur Pigou）把這種理想情境稱為「第一級差別訂價」[8]。可惜的是，顧客很少坦白說出他們願意支付多少錢[9]。

當我們無法完全得知消費者的價值觀感時，賣家剩下兩種不完美的選項。第一，賣家可以根據每個客群的付費意願徵兆，為不同的客群制定不同的價格（策略經濟學家稱之為「第三級差別定價」）。例如，許多電影院的經營者提供學生和老人折扣票價，因為他們覺得這兩個客群的消費力較低，而且業者透過身分證上的年齡或其他證件的資格，可以確實辨識這兩種客群。

不過，第三級差別定價的運用很有限。除了年齡和其他的資格形式以外，可以清楚觀察又能夠合法運用的付款意願徵兆很少。而且，很多產品很難防止低價值的消費者把低價購入的產品轉賣給高價值的消費者。

在賣家無法用清楚徵兆來區隔客群的情況下，賣家依然可以採取所謂的「第二級差別定價」。這種情況下，賣家的目標是創造出不同版本的產品，讓兩種版本有足夠的差異性，分別吸引高價值的顧客自願付出高價，也吸引低價值的顧客付出低價。出版業的精裝書和平裝書就是第二級差別定價的經典範例。把精裝書和平裝書的發行日錯開，出版商可以藉此區別高價值顧客和低價值顧客，因為它們知道高價值顧客比較願意為品質（較好的裝幀和紙質）、好用性（字體好讀的程度）、時效性（出版後馬上一睹為快）付出高價。這種情況成立時，先發行精裝本、隔段時間再發平裝本，會使高價值的顧客自願付出比平裝本還貴的價格。

採用這種方法或其他的第二級差別定價策略時，主要的考量是確保高價值的顧客不會想要改買較低價的商品。什麼時候這種改買便宜貨的誘惑最大呢？消費者覺得兩種產品的品質差不多的時候。這就是那位出版商來找我們詢問電子書策略時所關切的問題。受到業內人士的傳統觀念所影響，他擔心消費者覺得電子書和精裝書是類似的商品，如果同步發行的話，可能會降低精裝書的銷量。不過，我們從資料裡發現，這種傳統觀點是錯的。

我們從上述自然實驗獲得的資料，涵蓋了八十三本對照組的書（亦即爭議發生的前四週和爭議結束的後四週，同步發行的精裝書和電子書），和九十九本實驗組的書（亦即爭議期間，電子書的發行比精裝書延後一至八週）。資料顯示，電子書的延後發行對多數書籍的精裝書銷售幾乎沒什麼影響。數位商品的消費者大多不覺得紙本書是電子書的近似替代品——顯然，數位消費者主要就是對消費數位產品感興趣。換句話說，消費者似乎不覺得電子書是「品質較差」的精裝書，而是截然不同的產品。

更令人驚訝的是，延後發行對數位銷售的影響。我們的資料顯示，數位消費者不僅對實體產品不太感興趣，他們發現想買的數位商品買不到時，很可能乾脆就不買了。我們計算每本電子書最初二十週的銷量時，發現延後發行的電子書銷量比同步發行的電子書少了百分之四十。可見電子書和紙本書是截然不同的商品，而且數位消費者在想買商品卻買不到時，許多人就放棄不買了，也不會再回頭。或許他們只是失去興趣，或許他們找到符合需求的其他商品，又或者，他們本來願意付費買正版，但買不到正版，只好改用輕易取得的盜版。無論是什麼原因，我們的資料都顯示，第二級差別定價策略雖然對精裝書和平裝書很有效，但是套用在精裝書和電子書上沒什麼效果。

當然，出版商不是唯一依賴第二級差別定價策略來販售資訊品的賣家。唱片公司也有類似的策略，它們是販售「正規版」和「豪華版」的專輯。高價位的「豪華版」裡有額外的內容，那是用來吸引願意付高價買加值內容的歌迷。但低價位的正規版依然可以滿足低價值的消費者。

然而，出版和音樂產業使用的第二級差別定價策略，都不像電影業使用的那麼複雜。下圖3.1顯示幾年前電影的典型發行策略，時間軸上有六個主要商品，發行時段相互錯開，

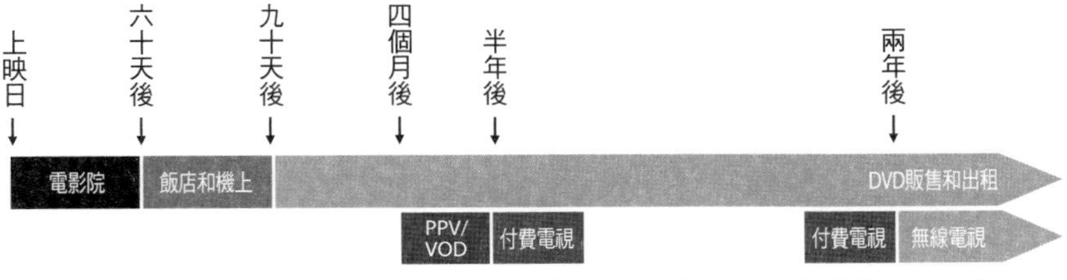

註：PPV為按次付費電視、VOD為隨選視訊的縮寫。

圖3.1：一九九八年至二〇〇五年間，電影的典型發行時段（根據業界消息來源及公開取得的資料）

產品的品質、可用性、價位各不相同。第一個時段是電影院上映；接著是約六十天後在旅館和飛機上放映；再六十天後發行DVD；然後，是電影院上映半年到兩年後，可以透過按次付費的有線電視頻道、有線訂閱頻道、廣告支持的無線電視頻道來觀看電影。

電影片商也會在這些發行時段中，按不同的可用性（例如影片販售和出租是不同的版本）、品質（例如藍光vs.DVD的解析度，添加幕後花絮vs.只有影片內容，亦即像前述的「豪華版專輯」那樣操作）來使用區隔策略。例如，二〇〇五年，《魔戒首部曲：魔戒現身》（*The Lord the Rings: The Fellowship of the Ring*）發行DVD時，新線影業（New Line Cinema）推出三種DVD版本：為一般影迷推出三十美元的雙碟寬屏版，為熱情影迷推出四十美元的四碟「白金系列」特別版，為死忠影迷推出八十美元的典藏套裝禮盒。

就像圖書出版一樣，數位頻道的出現，也為電影業既定的發行時間表增添了新的複雜度（左頁圖3.2是目前片商在實體和數位通路的發行時間表）。這項改變引起片商問了很多類似出版商的問題：「像iTunes那種數位銷售通路對其他通路的銷售有什麼影響？」、「iTunes上的電影銷售和iTunes的租借電影之間競爭如何？相較於網飛之類的串流電影，競爭又是如何？」最重要的是，「我該如何運用這些新通路，來改善我區別高價值和低價值消費者的能力？而不是反過來破壞我的區別能力？」

就像出版商的電子書策略一樣，我們認為這些問題的答案就在資料裡——那些資料可以幫片商了解產品差異化和業績競食（sales cannibalization）之間的相互作用。不過，這些資料還可以揭露差異化產品策略的另一個特質：在通路之間創造互補性的能力，使某個發行時段的業績帶動後續發行時段的需求。

讓資訊被看見

二〇一〇年初我們和某大片商合作，以幫助決策者了解，在付費有線頻道上播放電

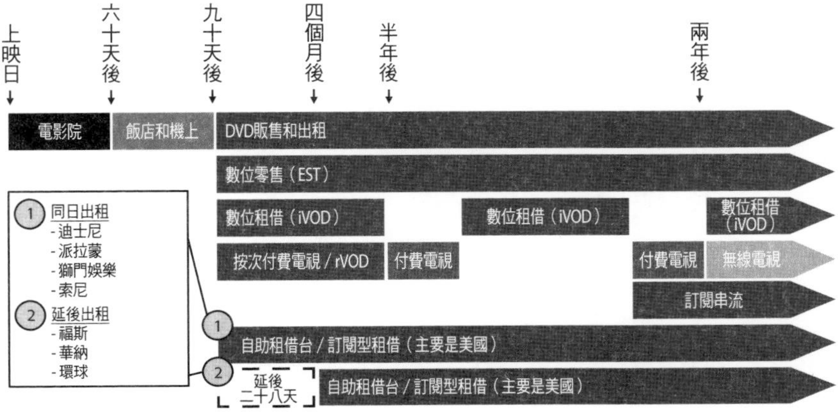

圖3.2：二〇一四年電影的典型發行時段（根據業界消息來源和公開取得的資料）

影（例如HBO、Cinemax、Showtime）對DVD銷售的影響。在研究過程中，我們看到這種跨發行時段之間的互補性。

付費有線頻道和片商都覺得，付費有線頻道播放電影，會取代DVD的購買以及其他電影銷售通路的購買。事實上，HBO非常擔心數位銷售通路（尤其是iTunes）可能搶走自己的收視及訂戶，所以HBO每次向片商取得電影播放權時，會要求片商在HBO播放電影的時段，從其他的銷售通路移除那些電影（尤其是按次付費的有線電視和iTunes）。但DVD販售不在此限，主要是因為要求零售商把那些電影的DVD下架不切實際。

由於HBO有權播放電影的期間，DVD依然持續販售，這讓我們有機會衡量HBO的電影播放對DVD需求的影響。為了研究，我們從二〇〇八年一月到二〇一〇年六月，為美國四大付費有線頻道（HBO、Showtime、Cinemax、Starz）上播放的三一四部電影，蒐集完整播放週期內的每週DVD銷量和電影院票房資料[10]。結果毫不意外，「超級熱門強片」是業績的主要來源。在電影院上映期間，資料裡最熱門的前百分之十電影，占了電影院總票房收入的百分之四十八；剩下的百分之五十二收入由「冷門小片」（亦即底下的百分之九十）構成。資料也顯示，這種熱門度在DVD發行初期幾乎完全沒變，那些囊括百分之四十八票房收入的電影，在DVD上市一個月後到有線電視播放以前，也囊括了百分之四十八的DVD營收。

為什麼這一小部分的電影是電影上映期間及DVD發行初期的主要營收貢獻者？可能是因為真正的好電影並不多，銷售數字的集中直接反映了這點；又或者，消費者有從眾心理，喜歡挑選朋友看過的電影。不過，我們覺得，電影業績集中在少數幾部電影，也是受到電影發行方式的影響。因為電影一開始只在電影院上映，電影院的播放廳數有限，消費者在電影院上映的時段，只會發現少數幾部電影。而且，片商通常會根據電影院的票房結果來宣傳DVD的發行，這種扭曲的選片現象也延續到DVD發行初期——從上述的銷售資料即可見得。

不過，我們的資料也顯示，電影過了付費有線頻道的播放時段後，會出現明顯的改變。付費有線頻道的播放會使電影DVD的銷量增加，但那些冷門電影（亦即「長尾*」電影）的DVD銷量增加最多。在付費有線頻道播放完後的那個月裡，冷門片的銷售比例提升至總銷售的百分之六十五（前一個月的比例是百分之五十二）[11]。這種轉變該如何解釋呢？

* 長尾效應：最初由《連線》（*Wired*）雜誌前總編輯克里斯・安德森（Chris Anderson）提出，描述網路世代下，讓原本被視為無獲利能力的冷門產品獲得被銷售的機會，更由於總量龐大，累積起來的總收益可能超過主流商品的現象。更多關於長尾商品的探討，詳見第五章。

我們的資料顯示，付費有線頻道的播放，讓消費者有機會發現以前在電影院裡沒注意到的電影。尤其，我們的分析顯示，多數熱門強片（票房收入排前百分之二十五的影片）在HBO播放時，百分之八十九的潛在顧客已經知道那些電影了，所以有線頻道播放熱門強片時，對DVD銷量的提升很有限，幾乎每個對那些熱門電影感興趣的人都已經看過了。

不過，對冷門電影來說（票房收入墊底的百分之二十五），情況則完全不同。那些冷門電影在付費有線頻道上播放時，只有百分之五十七的潛在顧客發現那些電影。剩下那百分之四十三的潛在觀眾，不知何故錯過了他們可能感興趣的電影。為什麼他們會錯過呢？一個原因是這些電影缺乏大眾市場魅力，所以電影院沒有上映。前面提過，電影院一次只有幾廳可以播放電影，為了提高營收，它們會挑能普遍吸引大眾的影片。因此，那些只有小眾魅力的電影注定遭到忽略。

這可以解釋為什麼消費者在付費有線電視播放**以前**，完全沒聽過某些電影，但是這無法解釋付費有線頻道播放**期間**的那些改變。為什麼付費有線頻道的「發現」流程，跟之前的電影院播放及DVD販售的「發現」流程不同？一個原因可能是：你去電影院看戲或買DVD時，只為你看的單部影片付費；在付費有線頻道播放期間，你不是按片付費，而是繳了每月訂閱費，可以在那個頻道裡「免費」觀賞任何影片。這種「不需要額外付費就能看更多電影」的能力，促使付費有線頻道的消費者嘗試他們不願花十五美元進電影院觀賞的電影，從而發現以前沒注意到的影片[12]。

但是，頻道之間必須有足夠的差異化，這種「資訊發現」才有價值。例如，顧客在付費有線頻道看了一部片後，可能還是想買DVD。如果產品太類似（例如消費者可以輕易錄下高畫質的有線頻道電影，並於任何時段拿出來欣賞），付費有線頻道確實可能搶了DVD的銷售，而不是促進DVD的銷售。於是，這也帶出了下一個主題：資訊品賣家的下一個行銷挑戰。

掌控競爭

卡爾・夏培洛（Carl Shapiro）和海爾・韋瑞安（Hal Varian）在著作《資訊經營法則》（*Information Rules*）裡舉一九八〇年代和一九九〇年代初期CD版電話簿為例，來說明競爭如何影響資訊品的市場。在一九八〇年代中期，電話簿是由各大電話公司掌控的資料，並以一份磁碟一萬美元的價格，授權高價值的顧客使用（例如聯邦調查局和國稅局）。不過，後來科技使數位化及複製資訊變得容易以後，那個高價產品開始吸引競爭業者投入資金，請人抄下電話公司的電話簿資訊，以便拿到市場上販售。但是，這些競爭對手跨入市場後，資訊品轉變成「高固定成本、低邊際成本」的經濟模式，破壞了之前的商業模式（把獨家商品賣給出價最高的買家，以獲得最高的獲利）。經濟理論預測，在產品毫無差異的完全競爭市場中，價格會跌到邊際成本。果然，電話簿市場也出現這種現象。隨著新競爭對手進入市場，電話簿的價格迅速下降至幾百美元，後來甚至降到二十美元以下。如今的電話簿資訊基本是免費贈送。

對消費者來說，資訊的價格下降是好事，至少一開始是如此。但另一方面，如果生產者擔心投資無法回本而不願投資，這種邊際成本定價法對生產者和消費者來說都有害[13]。事實上，多數現代國家之所以讓資訊品的生產者對產品上市的方式享有一些獨占權，就是為了鼓勵業者投資資訊品的市場。

於是，創意產業便運用這種獨占力，去做經濟理論說他們該做的事：為了從消費者取得獲利，它們想辦法避免直接競爭，也小心地掌控產品上市的品質、可用性、時效性。在出版業中，當消費者可以更早取得低價或免費的書籍時，出版商就愈難以「時效性」來區隔市場。在音樂產業裡，當消費者愈容易取得「特別收錄歌曲」和加值特色時，唱片公司就愈難以「品質」

來區隔市場。在電影業裡，當消費者愈容易自己錄下內容以便未來觀賞時，片商就愈難以「可用性」來區隔市場。這表示，每次有人問：「為什麼創意產業不在每個發行通路上同步發行各種產品？」時，其實是在問：「為什麼創意產業不放棄既有的商業模式——亦即以差別定價及顧客區隔（customer segmentation）為基礎的商業模式？」

當然，問題在於資訊科技在很多方面已經決定了這個選擇。那些可以削弱公司區隔顧客能力的市場特質——包括資訊傳播快速、資訊取得容易、資訊複製及儲存幾乎沒有成本——正是資訊科技系統和網路的基本能力，而且它們的勢力正加倍成長。

如今，創意產業人士所面臨的關鍵挑戰是，判斷這種科技改變如何威脅他們的市場力量以及商業模式的獲利。這也是下一章的主題。

4

完美風暴

「氣象學家在奇怪的事物裡看見完美，三個完全獨立的氣候系統融合成百年難得一見的事件就是其一。」

——賽巴斯提安・鍾格（Sebastian Junger），《超完美風暴》（*The Perfect Storm: A True Story of Men Against the Sea*）

「有些人會進入一種自覺所向無敵的境界，但他們並未意識到眼前所見和實際進入的狀況之間有真實的微妙區隔。」

——艾伯特・強斯頓上校（Albert Johnston），引自《超完美風暴》

幾乎每個人都知道一九九七年鍾格的暢銷書《超完美風暴》裡提到的故事和比喻。那本書描述麻州格洛斯特（Gloucester）的六位資深漁民在海上冒險的故事。一九九一年秋季，他們出海幾週後，決定冒著危險的暴風雨返航。以前他們安然度過了許多風暴，這次為了保護珍貴的漁獲，他們認為這場暴風雨沒什麼特別之處。但他們沒意識到的是，這次航向的大海上不僅有一個風暴，而是數個風暴同時來襲，融合成一場難以預料的氣候事件：完美風暴。完美風暴來襲時，這些人以之前有效的求生策略因應，後來才發現他們對抗的是自己不了解、也沒準備好應付的狀況。在難以招架下，他們在海上慘遭滅絕。

各位知道我們講這個故事的用意了吧？長久以來，創意產業的發展始終一帆風順，因為那個市場讓少數幾家巨擘建立及維持主導地位，而且不斷地演進。即使偶爾因科技變革而掀起一陣風暴，它們也懂得如何安度難關，甚至還知道怎麼運用那些機會來提高競爭優勢。但一九九〇年代，幾種極其不同的改變突然一起出現：大家普遍從類比媒體轉為數位媒體、微型電腦*

* 微型電腦：與當時電腦相比，處理器與體積相對較小的電腦，例如桌上型電腦、筆記型電腦或平板等等。該詞彙已不適用現今環境。

和行動科技蓬勃發展、網際網路出現。結果衍生出創意產業難以招架的全新動盪——一場變革的完美風暴，危及它們的獲利模式以及既有的市場力量來源[1]。

這種改變很難預見，尤其對老字號企業來說更難，它們往往是以既有的成功及獲利標準來判斷新的創新發明。以豪威・辛格（Howie Singer）告訴我們的故事為例，如今辛格是華納音樂集團的資深副總裁暨策略技術長，但一九九〇年代，變革的完美風暴衝擊創意產業時，他在AT&T任職。他和同事賴瑞・米勒（Larry Miller）在那場風暴中發現一個很好的商機，所以一九九七年他們聯手開發出a2b音樂（a2b Music），那是一種服務，讓人在網路上安全地散播壓縮的數位音樂檔。AT&T宣布那項服務只是一場試驗，但辛格和米勒都覺得他們發現了大商機：一種革命性的新事業，可以顛覆音樂的販售及消費方式。

a2b的服務確實很新。想了解它究竟有多新潮，別忘了，iTunes商店是二〇〇三年才推出，iPod是二〇〇一年上市，Napster*是一九九九年出現，Diamond Rio（第一款MP3播放器）是一九九八年問世。a2b團隊比上述的一切都還早出現，他們的提案是：消費者無論在何處，只要能連線上網，就可以把數位歌曲下載到電腦中，隨時播放聆聽。此外，他們也設計了一種便攜式的音樂裝置，以搭配這項服務。那個裝置可以播放儲存在移動記憶卡上的整張專輯，當時那是相當了不起的科技應用。為了安撫業界對這種全新配銷方式的擔憂，他們也設計了數位版權管理協議，並制定計畫，「在a2b音樂的未來發展中納入微型收費功能，並探索跟零售通路一起行銷的方法，讓網際網路可以更有效地應用於可下載音樂上。[2]」（這是他們當初對外宣布服務時所發布的新聞稿）。

辛格和同事認為，透過網路配銷數位音樂顯然是音樂界的未來。他們為了幫音樂產業掌握這個未來，已經做了一切必要的事物。他們開始向各大唱片公司的高管熱切地宣傳這項服務，一開始先解釋a2b是指一種即將轉變音樂界的變革：從量子（atom）到位元（bits）的轉變。拜電算力和連線頻寬的進步所賜，所有的音樂很快都會「只」以數位檔的格式販售。數位檔的管理和音質都會迅速改善，CD將會變成過時的商品。

然而，這番言論惹毛了一些人。一九九〇年代，CD對音樂界來說仍是獲利的主源，多年來銷量穩定地成長。唱片公司的高管因此問道，為什麼我們要接受這種取代我們獲利主源的技

* Napster：由西恩・帕克（Sean Parker）、尚恩・范寧（Shawn Fanning）和約翰・范寧（John Fanning）共同創立，為一種線上音樂分享服務，對於盜版音樂的崛起影響甚深。

術？一位高管告訴a2b團隊，他覺得以「位元」來稱呼音樂是一種侮辱。另一位高管在聽完a2b可以讓唱片公司「去除中介」、直接賣音樂給消費者時（這個東西將使幾年後的蘋果更難以iTunes進軍音樂市場），他直接告訴a2b團隊，他們在講「外星語」。

辛格和同事示範他們研發的技術時，並未獲得更多的認同和支持。他們在某大唱片公司為管理高層做示範，從檔案夾裡打開該公司最熱門的一些歌曲，並以昂貴的音響系統播放。那些歌曲是以演算法編寫成較小的檔案，比後來主宰市場的MP3音質更好[3]。

他們本來以為，壓縮後音質依舊美好以及方便攜帶的特質，會讓那些管理高層感到驚豔。結果管理高層的反應並非如此，他們把焦點放在音質上，覺得那個音質比不上CD。一位高管聽完示範後，不僅毫無興趣，還丟下一句他現在肯定很後悔的話，他告訴a2b團隊：「沒有人會想要聽那種鬼東西。」

a2b的音樂到處碰壁，毫無進展，所以AT&T後來結束了那場試驗。當然，後來改變確實來了。佩卡．葛若農（Pekka Gronow）和伊爾波．邵尼歐（Ilpo Saunio）在《國際唱片業歷史》（*An International History the Recording Industry, 1997*）裡寫道：「未來的某個時間點，我們可以不再生產唱片，音樂是按聆聽者的要求提供……理論上應該可以開發出某種超大的自動點唱機，讓聆聽者在想聽歌時，挑選自己喜歡的音樂。那可能是透過電話線、纜線或電波傳送。[4]」但是當時，業界的多數人都覺得那是遙遠的願景。一般正常的管理高層不可能為了那種東西，而放棄目前的搖錢樹。

幾年後，蘋果跨入這個領域，接著Rhapsody*、Pandora**、Spotify***、各種五花八門的服務出現了，後續發展已是眾所皆知的事實。唱片業的高管因否決了a2b團隊的提案，錯失了掌握配銷的機會——配銷是唱片業商業模式中的一大核心支柱。

「沒有人會想要聽那種鬼東西。」我們之所以引用那句話，不是為了嘲笑那位高管。多數人站在他的立場時，無論他們是否願意承認，都會有同樣的反應。前面提過，市場領導者很難察覺科技變革的效應，尤其當變革和他們建立市場領導地位的方法南轅北轍時，他們更不可能察覺，上述的例子就是如此。即使你真的看到科技變革來了，想要應變也出奇地困難。一九九〇年代，《大英百科全書》（*Encyclopaedia Britannica*）的出版商就是吃足了苦頭才學到教訓。

* Rhapsody：線上音樂串流服務，付費音樂聽到飽模式的先驅。二〇一一年收購Napster。
** Pandora：音樂網路電台，可依據用戶反映出來的喜好來推薦相似曲風的歌曲。
*** Spotify：線上音樂串流服務，付費便能跳過廣告並聆聽較好的音質，還會根據使用者習慣推薦個性化音樂清單。

一九九〇年，《大英百科全書》非常暢銷[5]。兩百多年來，擁有這套書的大英百科公司（Encyclopaedia Britannica Inc.）費盡心思把它打造成當代最詳盡、最權威的參考巨作。一套大英百科全書的售價是一千五百美元到兩千美元，可以擺滿書房和客廳的整個書櫃。它是奢侈品，但大英百科的推銷員積極地說服美國人相信：擁有一套大英百科全書是教育、文化、中產階級成功的必需品與象徵。每套百科全書的生產成本僅兩百五十美元左右，一九九〇年該公司的淨利高達六．五億美元，創下歷年來的新高。大英百科公司的前景看似光明，一九八九年微軟的員工確實是那樣想的。當時微軟旗下有一群人負責探索數位百科全書，他們在一份有關《大英百科全書》的策略備忘錄裡寫道：「在任何媒體中，有廣泛魅力的內容產品都不像大英百科全書那樣，有穩定的單一用戶價格點。[6]」

大英百科公司不僅銷售百科全書，也銷售一種值得信賴及穩重權威的氛圍。每一版百科全書都是數十年研究、規劃、編輯的結晶〔但不同版本之間，每年還是會推出稍微修改的「新刷」，以及獲利極高的《大英百科年鑑》（*Britannica Book of the Year*）〕。其他公司出版的百科全書較小、較便宜、較好用，但大英百科全書的團隊根本不在意那些，他們想服務的是願意為市場上最頂級產品支付高價的顧客，儘管大英百科全書的研究顯示，多數顧客翻閱大英百科全書的頻率一年還不到一次。一位業務經理曾如此宣稱：「那些書的存在不是為了閱讀，而是為了銷售。[7]」

一九九〇年以前，《大英百科全書》深受歡迎。那幾十年間，那套書之所以成功，主要是和銷售團隊的有效推銷有關。它們招募業務員時非常謹慎，而且雇用後隨即提供完善的訓練。最重要的是，那些業務員都深信那套商品的價值，找不到其他的銷售團隊比他們更擅長直銷或更有誠意。對推銷員來說，《大英百科全書》的銷售有很大的既得利益，推銷員可以從每套銷售中抽五百到六百美元的佣金。

一九八〇年代初期個人電腦出現時，大英百科的銷售部門對電腦的威脅不以為意。一九八三年，銷售部門甚至還為業務員設計了一套話術，讓他們針對這個議題回應顧客。當時他們遇到愈來愈多的潛在顧客說，他們比較想買電子版的百科全書，而不是印刷版。銷售部門發給業務員的備忘錄是這樣寫的：「公司內部及外人常問我們一個問題：『何時大英百科會推出電腦版？』我們的統一回應是：『還要一段時間。』」備忘錄底下為那個回應提出了四個理由：家用電腦的容量連儲存百科全書的索引都不夠，更何況是整套內容；把百科全書存放在大型主機上，讓顧客從家用電腦撥接網路讀取，不僅昂貴、麻煩，也很緩慢；家用電腦的螢幕只能顯示一篇內容的一小部分，導致閱讀經驗「不連貫」。數位百科全書的關鍵功能是關鍵字搜尋，但那是反應呆板的工具。

關於最後一個理由，那份備忘錄教推銷員反問消費者：試想，你在電腦版的百科全書上搜尋「orange」時，搜尋結果可能顯示橙色、柳橙、加州的奧蘭治郡（orange county）、奧蘭治的威廉三世（William of Orange），以及各種與orange有關的瑣碎資訊。接著，你必須從那堆雜亂無章的結果中，揀選出可能對你有用的資訊——這個工作辛苦又費時，但印刷版百科全書的編輯已經幫你打理好了。「大英百科全書已經為你做了那一切工作。」那份備忘錄寫道：「我們的索引編寫者讀了百科全書裡的每篇文章，分析過他們閱讀的內容，並判斷哪些條目應該列入索引中。例如，他們區隔了顏色和水果，參考書目也做了對應的分組。他們刪除微不足道的參考資料，讓你在查詢時一定可以找到相關的重要資訊。[8]」換句話說，印刷版的百科全書比電腦版好用。那份備忘錄最後總結，在電腦版改善以前，「我們不會把訊息提供方式從紙張轉為電子形式。[9]」

不過，無論大英百科公司喜不喜歡，當時的潮流正在轉變。兩年後的一九八五年，大英百科公司收到微軟的提案。微軟經過多番研究後，認為光碟版百科全書是「高價位、高需求[10]」的產品，可以大幅擴充其產品組合。微軟提議付費給大英百科公司，以取得非獨家的內容使用權，把百科全書的內容納入微軟製作的多媒體數位光碟中。大英百科公司馬上回絕了提案，當時該公司的公關長說：「《大英百科全書》沒有在家用電腦上使用的計畫。由於家用電腦的市場很小，僅百分之四或百分之五的家庭擁有電腦，我們不想傷害傳統的銷售方式。[11]」

「我們不想傷害傳統的銷售方式」——這幾個字為大英百科公司即將到來的消亡埋下了種子。不過，在一九八五年，對大英百科公司來說，那是完全合理的聲明，它不接受微軟的提案，有幾個很強的動機。首先，它擔心業務員的反應，因為他們是靠印刷版的銷售賺取佣金。萬一公司以便宜很多的價格來販售電子版的百科全書，肯定會蠶食印刷版的銷售，那將導致許多訓練有素的業務員離職，他們可是大英百科公司的一大資產。此外，公司也擔心，電子版的百科全書可能被當成玩物，破壞大英百科公司多年來努力建立的權威光環。當時，家用電腦還是很新奇的東西，大英百科公司覺得不該拿名聲來當賭注，貿然開發電子版百科全書。二〇〇九年凱洛管理學院（Kellogg School）出版個案研究〈大英百科全書的危機〉（The Crisis at

Encyclopaedia Britannica），裡面詳細說明了大英百科遇到的問題。尚恩・格林斯坦（Shane Greenstein）和米雪兒・德弗羅（Michelle Devereux）在那份個案研究中提到，大英百科不適合接受微軟的提案，還有另一個理由：

> 當時微軟才創立不久，尚未站穩根基，大英百科沒有理由冒險和那樣的公司合作，可能也擔心來自微軟的競爭。畢竟，當時大英百科公司掌控了百科全書的頂級市場，在所有的百科全書出版商中，它收取的價格最高，獲利穩健。當時，大英百科公司的企業文化正蓬勃發展，《大英百科全書》持續帶進豐厚的利潤。事實上，一位前員工表示：「當時要是誰敢動那隻下金蛋的鵝，肯定會被一槍斃命。[12]」

大英百科公司確實知道電子百科全書的潛在價值，不過，競爭對手也發現了。葛羅里（Grolier）是第一個搶先於一九八五年發行純文字版電子百科全書的業者。這時，微軟已投入開發多媒體光碟版百科全書。大英百科回絕微軟不久後，也開始自行研發多媒體的光碟版百科全書，但不是使用旗艦版的商品內容，而是使用旗下另一款比較便宜、沒那麼受重視的百科全書：《康普頓》（*Compton's*）——那是專為學校和學童設計的參考書。

一九九一年，大英百科公司推出為個人電腦和麥金塔設計的《康普頓多媒體百科全書》（*Compton's Multimedia Encyclopedia*），但那個產品究竟是什麼呢？連大英百科公司也不太確定。它把光碟送給那些購買印刷版百科全書的顧客，那樣做讓那些挨家挨戶推銷的業務員感到安心，因為那表示光碟版不過是促進成交的贈品罷了，不會影響印刷版的銷售。但大英百科公司也以八百九十五美元的價格，販售新版的《康普頓多媒體百科全書》給社會大眾。這個價格顯示，這種新版百科全書其實是在跟印刷版爭搶高階市場。這種兩面手法後來導致它在兩邊都吃下敗仗。大英百科公司是由銷售人員主導的企業，他們覺得《康普頓多媒體百科全書》沒什麼價值，也對它沒有興趣。一般消費者覺得花八百九十五美元購買顯然是次級的商品，實在太貴了。一九九三年，經過多次降價都無法刺激買氣後，大英百科公司終於認賠殺出，把《康普頓多媒體百科全書》和旗下整個新媒體部門賣給《芝加哥論壇報》（*Chicago Tribune*），並決定把重點放在為印刷版的百科全書開發網路版上，名為「大英線上」（Britannica Online）。不過，在此同時，印刷版百科全書的銷售開始下滑，從一九九一年的六・五億美元，縮減至一九九三年的五・四億美元。一九九三年，微軟推出光碟百科全書Encarta。

微軟先後受到大英百科公司及世界百科公司（World Book）的回絕後，買下即將倒閉的《芬克與瓦格納新百科全書》（*Funk & Wagnalls New Encyclopedia*）的使用權。從印刷版百科全書的市場角度來看，《芬克與瓦格納》的內容遠不如《大英百科全書》，聲譽也遠遠落後。不過，在新市場中，它的內容有一大優勢：它是以近乎模塊化的一致格式編寫，所以比起內容浩繁的《大英百科全書》，它更有利於數位化、搜尋，以及製作超連結，這表示微軟可以迅速生產可上市的光碟。微軟決定放棄「芬克與瓦格納」這個名稱，把焦點放在增加新產品的差異化上——做法包括為文字搭配圖畫和聲音、投資於搜尋技術、創造連結（以迎合電子用戶喜歡在主題之間跳來跳去的習慣）、持續增添及更新時事內容。微軟並未從品質和聲譽方面跟大英百科競爭，它是運用新媒體的自然優勢（例如影片、搜尋、超連結、經常更新內容），盡力開發百科全書的功能，以擴充潛在用戶。微軟把Encarta定位成適合家長和孩子在家用電腦上使用的家庭產品，售價僅九十九美元。結果這招奏效了，微軟第一年就賣出三十五萬套Encarta，隔年又賣出一百萬套。

此時，大英百科公司察覺到危機，也看到印刷版百科全書的銷量持續下滑，終於在一九九四年為旗艦版百科全書製作了光碟版，但此舉也引發銷售團隊的強烈反彈。銷售團隊再次主張，電子版會蠶食印刷版的銷量。所以，大英百科公司又改採以前的策略，把數位版《大英百科全書》免費送給購買印刷版的顧客，並以一千兩百美元的價格賣給其他大眾。這項策略就像當初用在《康普頓》上一樣，也是失敗收場。消費者覺得那個售價令人卻步，所以兩年內大英百科公司就把光碟的售價降至兩百美元。然而，即使降至兩百美元，它的銷量依然比不上Encarta，因為Encarta比較便宜，用起來更有趣。

Encarta的內容和聲望都不如《大英百科全書》，至少就印刷版市場的既定標準來看是如此。但是對很多人來說，Encarta已經夠好了，尤其它又結合了數位版可提供的新價值來源，包括圖畫、聲音、搜尋等等。

一九九六年，《大英百科全書》的銷售已跌至三．二五億美元，僅剩五年前銷售額的一半。「大英線上」克服了許多技術障礙，設法把整套百科全書的四千萬字都放上網路，是一項兼具前瞻性又大膽的冒險投資。但是連「大英線上」也無法阻止整體業績的下滑。當年，大英百科公司的執行長約瑟夫．艾斯波西托（Joseph Esposito）在滿懷遺憾下，以一．三五億美元把公司賣給瑞士的金融家雅各．薩弗拉（Jacob Safra）。後來，薩弗拉也無法扭轉大英百科的命運。二〇一二年，在維基百科日益熱門之下（由用戶生成的內容所組成，不是出自訓練有素的專家和編輯），大英百科宣布不再發行印刷版的百科全書，《大英百科全書》兩百多年來的出版風華從此劃下句點。

為什麼大英百科公司那麼難以因應百科全書市場的改變呢？畢竟，大英百科無疑是百科全書業的龍頭，又是最受敬重的品牌，擁有最權威的內容，最強大的銷售團隊。為什麼一個不知名的品牌（Encarta）以較差的內容（取自芬克與瓦格納）進入市場，而且沒有抽佣的強大銷售團隊，就足以導致大英百科的領導地位崩解呢？

我們認為答案在於：大英百科的事業不是面臨單一改變，而是面臨多項因素。那些因素結合在一起，就足以顛覆主導市場的既有力量以及銷售內容的既有模式。

首先，數位版百科全書改變了業者為消費者提供價值的方式。大英百科全書的成功和市場力量，來自於它們比競爭對手提供更多的價值。這個價值是來自優質的權威內容、仔細審核的編輯流程、預先定義的索引，以及家中擺一套昂貴百科全書所傳達的社會地位。當然，數位百科全書並未消除這些價值來源，但大幅削弱了它們的價值，並引進一套新的品質指標：數位傳遞；模組化、簡單易懂的內容；影音素材；迅速增添新資訊；超連結和數位搜尋功能；家有電腦（而非一套皮革裝幀的書籍）逐漸變成社會地位的象徵。

第二個傷害大英百科的因素是，業者的獲利方式徹底改變了：從高利潤的直銷模式，轉變為低利潤的零售模式。在零售模式中，內容往往是和全新產品（這裡是指家用電腦）配套銷售，或甚至當成成交的贈品。

第三個因素是，大英百科公司在既有市場中的成功是依靠印刷版的銷售。成功的公司之所以成功，在於一再複製及保護它創造價值的商業流程。所以，大英百科對公司的直銷團隊充滿了敬畏。誰負責經營公司及晉升到高層呢？那些成功的銷售人員。因此，一種新的銷售方法出現時，大英百科的領導者只覺得那是威脅，對現有的高利潤直銷策略不利。

第四個因素在於市場力量的迅速變遷。切記，延遲反應對老字號業者來說通常不是壞事，忙碌的管理者會一直看到許多新的商機，我們很難怪罪它們不馬上去把握那些看似危險、未經證實、品質較低（至少從長久以來市場提供價值的方式來看）、獲利不如現有事業的新商機。麥特・馬克斯（Matt Marx）、約書亞・甘斯（Joshua Gans）、大衛・徐（David Hsu）最近的研究顯示，在多數情況下，老字號企業以觀望的態度來因應創新是最好的做法：讓市場去檢驗哪種創新最有可能成功，接著再收購創新者，或是跟創新者合作[13]。在多數的情境下，這確實是一種有效的策略。但是，如果新進業者可以在新市場中迅速累積足夠的勢力，導致老字號業者的資產不再有合作的價值，這種觀望策略就行不通了，大英百科公司面對的就是這種狀況。而且，這個個案的結局還有點諷刺。一九九六年，艾斯波西托開始幫公司尋找買主時，他還去問微軟是否願意對大英百科公司的資產出價（當時微軟是營收六百億美元的公司，在百科全書業裡雇用了最多的編輯），結果微軟拒絕了。

這一切和娛樂業有什麼關係呢？關係可多了。我們在本書稍後將討論娛樂業如何面對變革的完美風暴。科技變革（長尾市場、數位盜版、藝人對內容創作及發行的掌控力愈來愈大、通路商的勢力增強、資料導向行銷的興起等等）帶給娛樂業的種種威脅，很像當年大英百科公司面對的狀況。這些威脅包括：為消費者提供價值的全新流程、掌握那些價值的全新商業模式、老字號業者必須在保護既有事業及把握新商機之間做棘手的取捨。最後還有一個更大的威脅：新配銷通路在創造娛樂內容方面，扮演愈來愈積極的角色；它們也掌握了顧客的注意力和個資——這是兩個愈來愈重要的市場力量來源。

這些威脅單獨來看，對娛樂業的既有架構都不太可能造成太大的影響。但我們認為，合起來看時，它們就形成了變革的完美風暴，正在削弱娛樂業長期依賴的獲利及市場力量的來源，也帶來新的獲利與力量來源，而那些來源是現有的事業和組織尚未準備好利用的。不過，即使我們把完美風暴的比喻套用在娛樂業上，我們並不認為娛樂業注定會步上格洛斯特那些漁民或大英百科公司的後塵。**只要**娛樂業願意承認這些威脅並積極因應，我們對娛樂業的未來依然感到樂觀。

不過，在討論如何因應威脅之前，我們需要更深入了解這些威脅的性質。在下一章裡，我們將討論企業在娛樂市場中成功的新方法：利用它們掌握的顧客關係和資料，來開發一套為消費者提供價值的新流程。

PART II

變革

「每次我以為我成功了，但個中滋味似乎不如想像中美好。」
——大衛・鮑伊（David Bowie），〈改變〉（Changes）

5 暢銷商品與長尾效應

「這世上很少公司有本錢花兩億美元拍一部電影，那是我們的競爭優勢。」
——迪士尼影業集團的董事長艾倫・霍恩（Alan Horn），摘錄自艾妮塔・艾爾伯斯（Anita Elberse）的《超熱賣商品的祕密》（*Blockbusters: Hit-Making, Risk-Taking, and the Big Business of Entertainment*）

「我們很容易以為YouTube上隨機跳出來的垃圾影片對《黑道家族》（*The Sopranos*）沒有多大的威脅……但有一群觀眾看那種製作成本低廉的東西，那些東西只需要傳統電視節目的一小部分製作成本。」
——克里斯・安德森（Chris Anderson），《長尾理論》（*The Long Tail: Why the Future of Business Is Selling Less of More*）

在辯論科技如何改變娛樂業時，右頁引用的兩本管理書（安德森的《長尾理論》和艾爾伯斯的《超熱賣商品的祕密》）常被提出來作為正反兩方的例證。《連線》雜誌的前編輯安德森主張，線上銷售通路的容量增加（亦即所謂的長尾），使消費不再集中於「熱門」商品主導的市場，而是轉向百花齊放的小眾市場。所以，娛樂業的公司應該針對這個新的現實狀況，調整商業模式和行銷策略。哈佛商學院的艾爾伯斯教授則是提出截然不同的論點，她引用個案研究、市場統計數據、以及娛樂業高管的訪談內容，證明產業獲利大多是來自少數幾個非常熱門的主力商品。她主張，新科技可能會增加、而不是削弱這些「暢銷商品」對那些產業的重要性。

我們對安德森和艾爾伯斯的研究都非常尊重，但我們覺得他們鎖定了錯誤的問題，至少就科技變革如何影響娛樂業的市場力量來說是如此（我們將在本章中說明）。長尾商品**當然**對「暢銷商品」的商業模式不算威脅！根據定義，長尾商品是很少人想買的商品[1]。如果你的目標是創造冷門商品，那很難創造出一個專攻大眾市場的事業。不過，即使長尾**商品**對暢銷商品的商業模式沒有威脅，但我們依然覺得長尾**流程**確實是一種威脅。

這也是我們打算在本章探索的議題，我們將把焦點放在科技幫消費者增加娛樂選項的功能上，並提出兩個重要的商業問題：這些新的娛樂選項如何幫消費者創造價值？企業如何掌握那些價值？

網路市場如何為消費者創造價值？如果你是在一九九〇年代後期提出這個問題，答案很可能跟網路降低營運成本、增加市場競爭有關。一九九八和一九九九年，我們蒐集資料來測試線上價格是否真的比實體商店的同樣商品便宜。我們和艾瑞克・布林優夫森（Erik Brynjolfsson）合作，把焦點放在一些同時在網路及實體店家銷售的書籍和CD上。在十五個月期間，我們從四十一家零售商，蒐集了八千五百份價格觀察數據。我們發現，線上價格比實體商店的售價低了約百分之九到百分之十六。對消費者來說，這是一大經濟價值來源[2]。

雖然我們的研究設計可以比較線上和實體商店的商品售價，但那種研究在衡量消費者從線上零售商獲得的整體價值時，還是受到很大的限制。我們研究的線上零售商幾乎每本書和每張CD都有備貨，但實體商店通常只從兩百三十萬種印刷圖書中，挑四萬到十萬種備貨。一九九九年發行的二十五萬種CD中，唱片行只挑其中五千到一萬五千種CD備貨。由於沒有備貨的商品無從比較價格，我們必須從研究中刪除實體商店沒有備貨的東西。所以，儘管我們能夠精確地衡量線上消費者從熱門商品獲得的價值，我們不得不忽略網路提供的更大價值來源：消費者因為可以輕易地找到及購買數百萬種冷門的圖書和CD而獲得的價值，那些商品因為太冷門了，實體商店沒有備貨。

在線上可以買到冷門商品，究竟為消費者帶來多少價值呢？很多人主張那個價值其實不多。消費者可能很滿意實體商店提供的有限選項。畢竟，眾所皆知，少數幾種暢銷商品占了實體商店裡的絕大多數業績，或許這只是反映消費者的品味集中罷了。又或者，那反映了娛樂商品的經濟特質，有些人認為在娛樂圈裡，「超級明星」本來就比較吃香。

羅伯・法蘭克（Robert Frank）和菲利普・庫克（Philip Cook）在一九九五年出版的《贏家通吃的社會》（*The Winner-Take-All Society*）裡主張，許多市場（包括娛樂市場）有意見反饋循環，導致熱門商品愈來愈熱門。他們覺得有三大因素驅動著這個流程：⑴才華洋溢的人很自然就吸引到大眾的關注。⑵大眾喜歡看朋友及同儕也看過的內容。⑶高固定成本、低邊際成本的商品賣得愈多，利潤愈好。威廉・麥克菲（William McPhee）在一九六三年出版的《大眾行為的正式理論》（*Formal Theories of Mass Behavior*）中，也提到熱門商品享有的自然優勢，他們主張冷門商品在市場上面臨「雙重危險」，所以始終乏人問津：多數消費者不知道它們的存在；知道它們存在的消費者，往往又以內行的專家居多，他們也知道其他更好的選項。

另一方面，儘管少數的暢銷商品主宰了過去的娛樂市場，那不表示未來依然如此。以前看似自然的集中消費現象，很可能是因為實體通路有限，而不是因為消費者的偏好有限。畢竟，你找不到的東西，也不可能買到。當消費者可以獲得眾多選項時（像網路上那樣），他們展露出來的興趣和品味，可能遠比之前大家所想的還要多元。從這個觀點來看，把麥克菲、法蘭克、庫克的理論廣泛套用到娛樂市場時，那些理論都有明顯的缺陷。以產品差異化為例，經濟學家認為產品差異化有兩種：垂直差異和水平差異。在垂直差異的市場中，產品呈現出大家一致認同的價值高低差別（例如BMW vs. 雪佛蘭，希爾頓vs. 假日飯店，精裝書vs. 平裝書）。在娛樂商品方面，有人可能主張，詹姆斯・喬伊斯（James Joyce）*和E. L. 詹姆絲（E. L. James）**之間、死之華樂團（Grateful Dead）和死亡送奶工樂團（Dead Milkmen）之間、湯姆・漢克斯（Tom Hanks）和其他所有人之間存在著垂直差異，但即使是這些例子也有待商榷，仍有爭論的空間。

這正是重點所在。許多娛樂商品沒有大家一致認同的價值高低排序，這使它們歸屬於「水平差異」類別。所以，儘管法蘭克和庫克的理論主張消費者很自然受到「才華洋溢者」的吸引，麥克菲主張內行的專家知道「更好的選項」，但誰敢說你最愛的圖書、電影或歌曲就比我最愛的還要「出色」或「低劣」呢？[3]

說到科技可能以什麼方式來改變娛樂消費時，法蘭克和庫克所提出的第二點和第三點也一樣有問題。雖然一般人喜歡看朋友也看過的內容，但社群網路讓我們接收到交友圈的推薦，可能因此拓展了我們的觀點，而發現之前沒注意到的小眾內容。雖然高固定成本、低邊際成本的事業可能先天對暢銷商品比較有利，數位科技可以為許多種類的娛樂降低固定成本，從而拉低獲利所需達到的規模門檻。

既然根本的理論沒有定論，那你該怎麼辦呢？你應該研究資料。二〇〇〇年，我們與布林優夫森及胡宇（Yu Jeffrey Hu）一起研究了資料，得出清楚的答案。網路提供小眾商品，確實

* 詹姆斯・喬伊斯：《尤利西斯》（*Ulysses*）的作者，曾因其內容飽受猥褻爭議而成為禁書。

** E. L. 詹姆絲：情色小說《格雷的五十道陰影》（*Fifty Shades of Grey*）的作者。

為消費者創造了很大的價值。

我們的研究是從歐萊禮出版公司（O'Reilly Books）的市場研究長瑪德琳・施奈普（Madeline Schnapp）所建議的方法開始著手。之前，施奈普已經從亞馬遜蒐集了歐萊禮圖書的每週銷量數據，她也把銷售資料和亞馬遜商品頁上的銷售排名搭配在一起。有了這些資料以後，她自己開發出一套模型。你可以根據亞馬遜上的商品排名，預測每本書的每週銷量，而且預測的數字還挺準的。我們運用類似的實證方法，以及某家匿名出版商提供的資料集，複製施奈普的研究模式。結果證據顯示，線上消費者確實對冷門書有很大的興趣。我們估計，那段期間亞馬遜的圖書銷售中，約有三分之一到一半是連最大的實體書店都沒有供貨的。

為了計算「消費者可以買到冷門書」創造出多少經濟價值，我們改用傑瑞・郝斯曼（Jerry Hausman）和古格里・倫納德（Gregory Leonard）用來衡量「新商品」價值的方法。這種方法的主要優點是，它不依賴消費者行為的理論觀點，也不必判斷熱門書和冷門書的相對價值。它把重點放在消費者買了什麼，以及他們付費購買那些商品的意願。

套用郝斯曼和倫納德的研究方法後，我們發現二〇〇〇年那一年間，消費者從線上買到冷門書所產生的經濟價值，介於七億美元到十億美元之間。相較於消費者從「線上較低價」（亦即比實體商店低價）所獲得的價值，消費者從冷門商品獲得的價值幾乎有十倍之多[4]。換句話說，對線上消費者來說，價值的主要決定因素，不在於上網購物可以多省幾塊錢，而是因為上網多了發現、評估、消費數百萬種商品的能力。實體店家的商業模式無法涵蓋那麼多的商品。

二〇〇〇年代這個價值持續增加。二〇〇八年，我們又使用新的資料再做一次同樣的分析。在二〇〇八年的研究中，我們發現三種改變大幅提升了消費者從線上商品的多元性所獲得的價值。第一，網路圖書銷售在二〇〇〇年占總圖書銷售的百分之六，二〇〇八年已成長至近百分之三十。第二，二〇〇八年消費者購買冷門書的機率比二〇〇〇年更高。第三，二〇〇八年消費者可挑選的圖書比以前更多，每年出版的新書數量穩定地成長，從二〇〇〇年約十二萬兩千種[5]，成長至二〇〇八年約五十六萬種[6]。我們的研究顯示，這些變化合在一起，使消費者從多元產品獲得的價值，從二〇〇〇年到二〇〇八年翻了五倍，達到一年介於四十億美元到五十億美元之間。最近路易斯・阿吉亞（Luis Aguiar）和喬爾・瓦德佛格（Joel Waldfogel）的研究顯示，這些數字可能還低估了消費者從線上商品的多元性所獲得的真正價值[7]，因為誠如第二章所述，沒有人知道哪種產品會紅。出版商、唱片公司、片商都竭盡所能地預測哪些商品會紅，但預測流程並不完美。所以，當科技讓以前無人關注的藝人有機會接觸到市場時，有些新人可能讓業界的守門人跌破眼鏡，成為爆紅的黑馬，銷量傲人，不再埋沒於長尾中。

阿吉亞和瓦德佛格分析新音樂創造的價值，以驗證他們的理論。他們首先觀察到，科技變革促成新音樂大舉湧現，從二〇〇〇年到二〇一〇年，新錄製的音樂商品數量翻了三倍。接著，他們套用自己的理論，證明你把冷門黑馬爆紅的可能性也考慮進去時，這些新商品創造的經濟價值增加了十五倍。

有人可能會問，這些結果是否也適用於長尾的尾端，例如在二手書店乏人問津多年的真正冷僻書籍。就某些方面來說，那些正是麥克菲預測無法提供價值的商品，那也是艾爾伯斯的看法。二〇〇八年，艾爾伯斯在《哈佛商業評論》（*Harvard Business Review*）上發表〈「長尾」真的有商機？〉（Should You Invest in the Long Tail?），她在文中引用麥克菲的說法：「儘管我們相信『冷門書至少對找到它的人來說是一件開心的事』，但實際上，一本書愈冷門，受到青睞的機率愈低。[8]」

這個效果是否出現在資料中呢？最近葛蘭・艾里森（Glenn Ellison）和莎拉・費雪・艾里森（Sara Fisher Ellison）發表的實證論文也許可以為這個問題提供解答。他們研究線上市場為二手書創造的經濟價值，那個研究的部分靈感是源自作者的親身經驗，他想找一本絕版的冷門書：

幾年前，我們其中一人想看一本三十年前出版的學術書籍，但麻省理工學院的圖書館裡沒有那本書。那本書是談醫藥市場的狀況，很久以前就絕版了。若是去實體的二手書店尋找，那簡直是大海撈針。不過，上Alibris*搜尋，可以看到四、五本正在販售。我們下單買了一本，約花了二十美元，很快就收到貨。翻開封面，裡面以鉛筆標價〇・七五美元，但很快就擦掉了！那本書顯然在某間二手書店裡閒置了多年，即使有顧客發現它，也沒有人願意花〇・七五美元把它買回家。而需要那本書的研究人員則是開心地支付二十美元購買，甚至願意為它付出更多[9]。

為了測試類似的情況發生在其他冷門書上的可能性，他們兩人從線上和實體商店，為二手書的價格蒐集了一組詳細的資料集。資料分析顯示，從線上數百萬本冷門二手書中找到想要的

* Alibris：美國主要網路二手書店之一，成立於一九九七年，擁有超過四千萬本新舊書及絕版書。

書籍，為消費者和賣書者都創造了很大的經濟價值。總之，多數消費者毫無興趣的產品，依然可以為發現它們的伯樂創造出許多歡樂，經濟學家把這種歡樂視同為經濟價值[10]。

如果消費者可以從符合個人品味的冷門商品中獲得許多價值，那對有能力撮合那些買家和商品的公司來說，將會開闢出許多商機。但是為了掌握那些價值，公司必須先找出創造經濟價值的具體商業**流程**。資訊科技促成的市場究竟有什麼特質，讓消費者發現及享用那些實體零售店沒賣的商品？為了找出那些特質，我們和亞歷山德羅・詹納（Alejandro Zentner）及庫尼德・卡亞（Cuneyd Kaya）合作，他們兩人從某大影片出租連鎖公司的實體商店及網路商店取得資料。這些資料顯示，一百部最熱門影片的DVD出租，占了實體商店交易的百分之八十五，但只占線上交易的百分之三十五。為什麼？究竟是線上選擇多元及搜尋便利，導致消費者轉向冷門片？還是跟上網租片的消費者類型有關，亦即上網租片者的觀影偏好本來就跟實體商店的消費者不同？為了解開這個問題，我們需要找一個事件促使消費者從實體商店轉往線上通路，這樣才能排除消費者本身偏好冷門片的相關性。後來那家零售業者開始關閉許多實體連鎖店，正好就是那樣的事件。

由於關閉哪些實體商店的決定和在地消費者對產品多元性的偏好無關[11]，我們可以看出，實體商店關閉時，消費者被迫從供貨有限的實體商店轉往選擇多元的線上通路時，個人的消費型態有什麼變化。資料顯示，讓消費者獲得大量的商品選擇時，他們比較不會去租熱門強片，比較有可能去租實體店裡沒有的冷門片。

不過，我們也發現，這個改變可以歸因於供給（因為消費者可以取得實體店裡沒有的商品），也可以歸因於需求（因為線上搜尋工具使消費者更容易發現新商品）。若要區分這兩種效果，需要固定供給或固定需求，並改變其他的因素——我們無法對手邊的資料進行那樣的分析。幸好，布林優夫森、胡、席梅斯特（Duncan Simester）研究不同的資料集時，設法做到了[12]。他們分析某家女裝零售商的線上消費者和型錄消費者的行為差異，這家零售商在網路和型錄上提供同樣的商品選擇（所以固定了供給面）。他們發現，小眾商品的消費增加，有很大一部分是來自需求面。所以，即使供給面不變，線上市場的科技特質也會驅使消費者轉向小眾商品。

後續的研究更詳細檢視，線上市場的科技特質中，哪個特質促進小眾商品的消費。以讓消費者評價冷門商品的「用戶評價」功能為例，有人主張朋友的推薦會使消費更加集中，因為帶頭嚐鮮的人會促使市場去選那些「贏者通吃」的商品。不過，我們在前面討論過，朋友的推薦也會讓消費者發現新的觀點，從而購買更多的小眾商品。例如，高爾・厄斯特海赫-辛格（Gal Oestreicher-Singer）和阿朗・薩丹拉拉揚（Arun Sundararajan）從亞馬遜的商品推薦系統中蒐集資料，以分析亞馬遜上兩百多類圖書的相對熱門度。結果發現，深受朋友推薦影響的類別，比其他的類別展現出更多元的消費型態。具體來說，朋友的影響度加倍時，最冷門商品的相對營收增加了約百分之五十，最熱門商品的相對營收減少了約百分之十五（最熱門商品是指排名前百分之二十的商品，最冷門商品是指排名墊底的百分之二十）。13

線上消費不再出現「贏者通吃」的結果，還有另一個可能的因素：消費者從線上市場獲得的產品資訊量。當消費者得到的產品資訊有限時，他們往往會跟隨主流，挑選其他人也消費的東西，社會學家稱這種行為是「從眾」（herding），學術文獻對這種行為有詳細的記載。

不過，上述研究大多是在人為情境下進行，消費者評估的商品幾乎沒什麼外界資訊。因此，我們決定探索，在真實市場中，消費者可以輕易蒐集外界資訊時，從眾行為是否依然存在。為此，我們與某大有線電視公司合作，運用它們的銷售平台做了一個實驗。我們在隨選視訊服務中增添了新選單，那個選單是根據其他消費者最近的評比，列出最熱門的影片。在預設的情況下，這份清單是顯示十五部熱門電影，並按照之前觀影者的按讚數來排列榜單。不過，在幾次獨立狀況中，我們對調了兩部影片的榜單排名。如果用戶行為深受群眾意見的影響，我們預期用戶會依賴那份錯誤的按讚資訊來挑片。也就是說，那部被人為調高排名的影片依然會排在前面，或甚至因為按讚數更多及曝光率提高，而導致熱門度上升。

二〇一二年，我們做了這個實驗六個月。那段期間，有兩萬兩千多位用戶從我們的實驗選單中挑片觀賞。結果顯示，沒什麼證據能夠證明長期從眾行為的存在。那部被人為調高（或調低）名次的電影，很快就因為後續用戶評價的加入，而恢復原來的排名。此外，知名電影[14]恢復排名的速度比不太知名的電影[15]還快。總之，我們的實驗顯示，消費者可以獲得商品的外界資訊時，比較不會出現從眾行為。線上消費者應該也是如此，因為他們可以輕易蒐集到數百種商品的資訊。

商品多元性增加、搜尋工具更好、推薦引擎、用戶評價、商品資訊增加等等要素，都促使線上消費者轉向小眾商品。不過，還有一個因素需要考量：網上交易的匿名性是否會減少消費者的壓抑，從而改變消費者的行為？

阿維・高德法布（Avi Goldfarb）、萊恩・麥德維特（Ryan McDevitt）、山普夏・薩米拉（Sampsa Samila）、布萊恩・希爾弗曼（Brian Silverman）在兩種情境下分析了這個效果：買酒和訂披薩[16]（我們知道酒和披薩不是娛樂商品，但是請先耐住性子，聽我們說明一下）。研究人員發現，消費者透過電腦介面買酒時，比去酒鋪向店員買酒，更有可能選擇名字難以發音的商品。同樣的，消費者透過電腦介面訂披薩時，比打電話訂購，更有可能點高卡路里的食物和較複雜的配料。高德法布等人認為，難發音的商品線上銷售較好，可能是因為消費者擔心「遭到誤解或顯得外行」；當面點披薩時，不太敢點高卡路里及複雜的選項，可能是因為消費者擔心「別人對他的飲食習慣產生負面評斷」以及「個性難搞或標新立異令人產生負面評斷」。

酒與披薩的消費和娛樂商品的消費有什麼關係？除了它們顯然是需求互補品之外，我們可以輕易看到，網路交易中，社會抑制（social inhibition）*減少時，可能會影響消費者對娛樂的選擇。二〇一二年凱瑟琳・羅斯曼（Katherine Rosman）在《華爾街日報》發表〈別人看不見封面時，女人讀哪些書〉（Books Women Read When No One Can See the Cover）一文，文中提到最近某些出版類型的需求成長。她寫道：「言情小說以前很難找到，連鎖書店和獨立書店裡的品項有限，但那些書其實是被隱藏起來了，庫存很少。」Kindle和其他電子閱讀器所提供的匿名性改變了這一切。像E.L.詹姆絲的《格雷的五十道陰影》就是長尾商品暢銷的案例。

我們可以了解上面那句話為什麼會讓你一時語塞。畢竟，《格雷的五十道陰影》不是長尾商品，它已經譯成五十幾種文字，銷量突破一億本，甚至還改編成電影，是典型的超級暢銷商品！當然，你說的沒錯，但你也錯了。就很多方面來說，《格雷的五十道陰影》也是經典的長尾商品。它被幾家傳統的出版商拒絕，不是由知名的出版商發行上市，而是由個人出版電子書。若不是因為網路社群上有熱情的粉絲大力推廣，今天我們也不會談到這本書。

問題在於，《格雷的五十道陰影》就像如今的許多商品一樣，兼具長尾商品和暢銷商品的特質。所以探索這兩類商品時，也突顯出把焦點放在商品上（而非流程上）的侷限性，至少就了解「科技如何改變娛樂業」這個主題來說是如此。

＊社會抑制：指因他人在場而受到壓力，導致工作效率降低、表現變差等負面情況。

二〇〇〇年，我們剛開始研究消費者從線上市場如何獲得價值時，我們的焦點不是放在銷售分布的型態，或冷門商品的銷售比例上。那些衡量標準只是為了達到以下目的的方法：衡量線上流程讓消費者發現及購買實體店內沒有的商品時，創造出多少價值。

但現在討論已經從流程轉向商品本身。二〇〇四年安德森在《連線》上發文探索長尾效應時，他花了很多時間記錄一個月內至少賣出一本的商品比例。二〇〇八年艾爾伯斯在《哈佛商業評論》上發文反駁長尾理論，她指出，娛樂業的業績主要是由最熱門的前百分之十或前百分之一的商品創造出來的。後來《哈佛商業評論》又刊出安德森和艾爾伯斯之間的辯論，把討論延伸到長尾商品的定義應該以什麼為基礎：究竟是根據實體商店的實際備貨量，還是相對於線上總量的比例？[17]

不過，誠如我們在本章一開始所說的，我們覺得創意產業在衡量長尾市場的效應時，應該把焦點放在流程上，而不是商品上。長尾究竟有多扁平，或多少銷售比例是在長尾曲線的扁平尾端，那真的很重要嗎？答案是否定的。長尾商品究竟應該以庫存的絕對數量來定義，還是以相對比例來定義，那真的很重要嗎？答案是不見得。我們覺得真正重要的是，消費者從那些長尾商品中獲得了價值，而掌握這些價值所需要的流程，和娛樂業從暢銷商品掌握價值的流程是不同的。

我們在第二章討論過，目前娛樂業從暢銷商品掌握價值的流程，是從一群專家決定哪些商品可能在市場上熱賣開始。專家決定商品後，公司就利用它們掌握的宣傳與發行通路，大力推廣商品給消費大眾。總之，這些流程有賴**專家的精挑細選**（挑選哪些商品值得上市）及**掌控**（控制宣傳和配銷商品時所需的稀缺資源）。

然而，長尾商業模式是使用一套截然不同的流程來掌握價值。這些流程（在亞馬遜和網飛上展示）有賴**多元選擇**（建構一個讓消費者讀取多元內容的整合平台）及**迎合偏好**（運用資料、推薦引擎、用戶評價來幫顧客篩選豐富的選項，讓消費者在想要消費時，正好發現那些商品）。它們以一套科技流程來取代專家挑選，讓消費者決定哪些商品從市場中脫穎而出。它們之所以能做到這樣，是因為實體貨架空間和宣傳能力不再是稀缺資源。在這個模式中，公司必須競爭的稀缺資源是截然不同的：消費者的注意力，以及對消費者偏好的了解。

我們不是在主張長尾商品將會取代暢銷商品，它們並不會取代暢銷商品。但我們確實相信，長尾流程不僅可以用來生產長尾商品，也可以生產暢銷商品。例如，網飛不僅讓你有機會接觸到多數人已遺忘的冷門片，還推出《紙牌屋》、《勁爆女子監獄》（*Orange Is the New*

Black）和其他的熱門影片。這種組合非常強大，網飛和有效運用類似流程的其他公司，藉由創造整合的數位平台，提供多元的內容來抓住消費者的注意力；它們也運用專屬的資料來預測什麼內容可能在市場上走紅；它們和消費者之間有前所未有的直接關係，並善用這種直接關係對特定的用戶進行直接宣傳。如果你是出版業或電影業的領導者，你所面臨的長尾風險不是來自於賣不好的商品，而是來自於那些擅長銷售長尾商品的公司——它們可能調整流程（它們的平台、資料、顧客關係），使你更難在市場中靠暢銷商品掌握價值。

長尾流程如何對暢銷商品的商業模式構成威脅？你可以思考以下幾種科技變革的綜合效應。我們將在後續的四章中深入探索：

1. 數位盜版不僅降低了「差別定價」模式的獲利，也導致消費者預期（及要求）單一網站提供「探索多種商品」的方便性（例如提供串流影片的網飛、提供音樂的iTunes或Spotify、供應書籍的亞馬遜）。
2. 科技讓先前沒有機會嶄露頭角的藝人，有機會接觸到觀眾及創作內容，也使消費者的娛樂選項大舉暴增。

3. 長尾平台開發複雜的資料導向流程，以了解消費者的偏好；並幫消費者發現滿足個人需要的內容，以培養用戶忠誠度，也為平台帶來強大的市場支配力。

4. 這些資料和流程變成娛樂業的重要資源，不僅可以用來判斷哪些產品可能在市場上走紅，也可以提高宣傳內容的效率。所以，掌控這些資料的公司，也握有強大的競爭優勢。

6 盜版世代

「你不可能完全阻止盜版，只能跟盜版競爭。[1]」

——賈伯斯（Steve Jobs）

「我們知道盜版不可能完全消失，也不見得認同打擊盜版的最好方法。但是對於怎樣的數位未來對觀眾和藝人更有利，我們可以達到共識，而那個未來需要減少盜版。[2]」

——露絲・維塔爾（Ruth Vitale）和提姆・利格（Tim League），〈盜版電影對獨立電影的傷害〉（Here's How Piracy Hurts Indie Film），電影網站indiewire

一九八〇年代，如果你住在印度小鎮，想看一部電影，你必須等大城市上映兩三個月後才看得到。等電影終於來小鎮上映時，你才到鎮上的戲院觀賞。那種戲院通常一次可容納約一千人，只有單廳，裝潢破舊。如果你想看的電影沒來小鎮上映，或是上映期間剛好你錯過了，你只能期待幾年後電視上會播出，不然就沒機會看到了。

一九八〇年代中期，錄影機的出現改變了這一切。錄影帶激增，出租店隨處可見，還有一些「迷你戲院」收藏大量的錄影帶，你只要付一點錢，就能在裡頭觀賞許多影片。對印度的消費者來說，那改變實在太棒了，儘管錄影帶的畫質不佳，但他們終於可以在任何時間觀賞最新的電影或最愛的老電影。印度的錄影帶幾乎全是盜版的，但那有什麼關係呢？這種隨意的盜版行為又沒有傷害到任何人，不是嗎？

●●●●

盜版絕對不是西方國家面臨的新問題（十九世紀，歐洲盜版書籍的最大來源是美國）。但隨著二十世紀的創意產業發展，富國紛紛制定及實施愈來愈嚴峻的版權法，部分目的是為了打擊盜版的威脅。這種制度大致上是有效的，至少歐美是如此。多數的消費者願意遵守法律，花錢買正版，以獲得更好的品質及更多的便利。但是在貧窮的發展中國家，絕大多數的人口沒有資源去尋找或購買正版商品，因此盜版才會那麼猖獗。

當然，業界對此有諸多抱怨。但只要他們在發展中國家可以執行版權保護，獲利也夠高，管理高層通常不會為此傷神。唱片、電影、圖書畢竟是實物，需要逐一複製，那個流程費時又需要成本，盜版複製的速度和品質都有先天的限制，盜版貨的配銷也不是毫無難度。從業界的角度來看，盜版非法又討厭，但盜版查緝不易，而且品質幾乎都比較低劣，對業者獲利的傷害有限。

一九九〇年代，第四章提到的科技變革「完美風暴」出現了：數位媒體迅速成長、微型電腦和行動科技大躍進、網路出現。從此以後，一切都變了。生產及配銷完美的數位檔案突然變成近乎免費的事情，不費吹灰之力，幾乎隨處可見。上述的「先天」限制都消失了，盜版幾乎在一夜間變成一種相互連結的全球現象。一九九九年P2P*音樂分享服務Napster的驚人成長，預告了創意產業的未來堪憂（Napster讓世界各地的用戶免費交換音樂）。據估計，Napster推出後的十年間，音樂的營收萎縮了百分之五十七[3]；二〇〇四年BitTorrent開始流行，後續的五年間，DVD的營收萎縮了百分之四十三。[4]

音樂界聲稱數位盜版對音樂產業構成嚴重的威脅，聯合採取法律行動，終於在二〇〇一年終止Napster的運作。創意產業基於那次成功關閉Napster及其他法律上勝訴的經驗，聯合起來說服美國立法者參與打擊盜版。二〇一一年，德州眾議員拉馬爾・史密斯（Lamar Smith）提出《禁止網路盜版法案》（Stop Online Piracy Act，簡稱SOPA），該法案提出了一套限制及懲罰的措施，他宣稱那有助於「阻斷盜版網站的金流，確保美國創新的獲利都歸美國的創新者所有」[6]。後來，那個法案掀起科技公司及網路行動分子的強烈反彈，未能通過。但娛樂業依然相信，數位盜版對其事業是一大威脅，需要正面迎擊。

然而，許多網路活動分子和科技業的領導者並不認同這樣的想法。他們指出，世界上確實有很多人正在欣賞免費的電影，聽免費的音樂，但有什麼證據可以顯示這些行為對任何人造成傷害？或許業績下滑是因為消費者的偏好改變了，以及其他的娛樂選項增加了。美國唱片業協

＊P2P：peer-to-peer的縮寫，為一種交換資源的網路技術，擁有去中心化的特性，用戶群（peers）之間可直接彼此傳輸檔案，無須依靠任何中心伺服器。

會（RIAA）指出，二〇〇五年到二〇一〇年間，總共有三百億首歌曲遭到盜版[7]。然而，下載那些盜版音樂的人，本來絕大多數就不會買那些歌曲。而且，盜版帶來的曝光率讓新樂迷發現了某些音樂，可能還有助於提升藝人的名氣。這種說法一出現，大眾媒體很快就跟著附和。前瞻科技研究機構（Institute for Prospective Technological Studies）發表過一份有關盜版的研究[8]，受到各界的廣泛引用。二〇一三年，CBC新聞（CBC News）總結那份研究的結果：「娛樂業開始意識到，網路上的電影和音樂分享可以創造行銷效益及拉抬銷售，那往往抵銷了非法分享內容所造成的營收損失。[9]」

有些早期的學術研究強化了這些觀點。早期的理論模型顯示，盜版可以把價格敏感度最高的消費者從市場中排除，奠定初始客群，增加整體擴散及產品的知名度，使產業因此受惠[10]。這方面最早出現的實證性論文，是發表在備受推崇的《政治經濟期刊》（*Journal of Political Economy*）上。該論文指出，音樂盜版不會影響正版銷售的業績[11]。

所以，盜版也許不是那麼糟糕的事情。或許盜版可以掀起前所未有的話題，吸引新的觀眾去聽演唱會及購買商品，鼓勵至少一部分的全球觀眾去買正版商品，因此**增加**整體消費也說不定？而且盜版除了是一種實用的發現機制以外，或許也迫使創意產業降低售價，增加產品取得的方便性？那難道不會提高銷售，並為社會帶來效益嗎？iTunes和數位下載的出現，不就是如此嗎？況且，創意產業從以前就老是抱怨，新科技促成的商品分享會摧毀它們的獲利能力，它們不是一向都是錯的嗎？為什麼這次就不一樣呢？

上述問題追根究柢，其實都是在談同一個問題：盜版是否造成傷害？接下來，我們將探索那個問題，因為那個問題先是影響生產者，接著也會影響到消費者。

盜版是否傷害生產者？

乍看之下，這個問題似乎很容易回答。如果消費者可以透過盜版享有免費的音樂和電影，他們花錢購買的內容**當然**會減少。Napster出現後，音樂銷售大幅下滑不就是這個原因造成的嗎？我們來看下頁圖6.1，那是二〇〇六年亞歷山德羅・詹納（Alejandro Zentner）製作的圖表，那張圖顯示一九九〇年到二〇〇三年間的全球音樂銷售漲跌。

一九九九年左右，顯然有事情發生了，音樂銷售開始連續下滑四年，使總營收萎縮了近百分之二十五（從四百億美元的高峰下跌至三百一十億美元）。有鑑於一九九九年Napster的崛起和音樂銷售下滑之間的關係，說那是數位盜版造成的，可能是很合理的懷疑。

然而，Napster的興起與音樂產業的收入下滑**有關**，不表示數位盜版**導致**收入下滑。收入的增減有各種原因，而且跨入二十一世紀那段期間，還有很多可能的因素應該考慮進去。例如，一九九九到二〇〇三年間，寬頻網路的普及為消費者創造了許多新的娛樂可能性，他們第一次可以輕鬆地上網瀏覽網頁、玩遊戲、與朋友或陌生人聊天、在社群網站上消磨好幾個小時，這些事情都占用了他們聽音樂、看書、看電影的有限

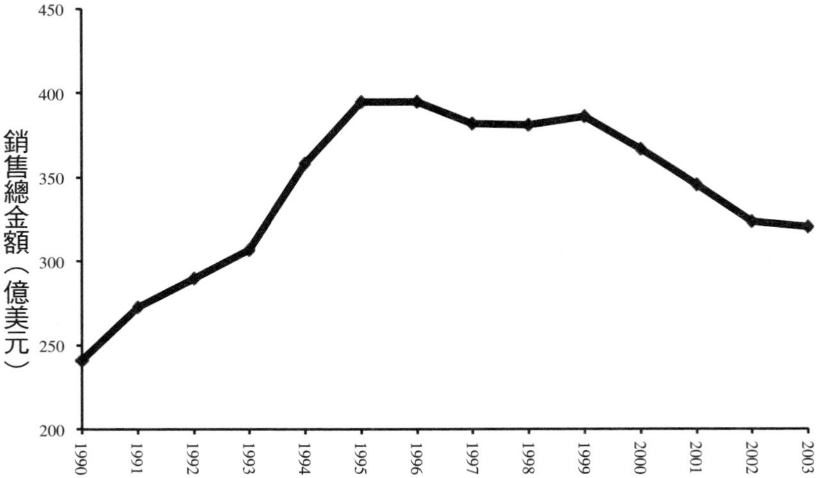

圖6.1：一九九〇年和二〇〇三年之間全球音樂銷售的漲跌

資料來源：亞歷山德羅・詹納（Alejandro Zentner），〈衡量檔案分享對音樂購買的影響〉（Measuring the Effect of File Sharing on Music Purchases），《法律與經濟學期刊》（*Journal of Law and Economics*），49, no. 1 (2006): 63-90.

時間。或許右頁圖6.1所顯示的銷售下滑，是因為消費者改變了休閒時間的運用，而不是他們取得音樂的方式造成的。又或者，銷售下滑只是音樂從整張專輯販售轉變成數位單曲販售所自然產生的副作用。況且，誰敢說今天要是沒有盜版的話，消費者就會買更多的音樂呢？畢竟，學生通常有很多盜版音樂，因為他們的時間多，又熟悉技術，但金錢有限，即使沒有盜版，他們也買不起正版。果真如此的話，那個論點主張，何不乾脆讓他們下載盜版，並假設他們免費分享檔案時，其實是在幫媒體公司做全球行銷呢？

如果你覺得這段討論內容讀起來令人沮喪，那是因為這本來就是在處理一個令人沮喪的問題。我們可以提出強大的理論主張，盜版會導致銷售下滑。但我們也可以提出另一個強大理論主張，盜版對銷售沒有影響，甚至還有助於提高銷售。而且，運用資料來分析盜版對銷售的影響並不容易。我們很容易就看到Napster出現後，音樂銷售下滑了。但是若要證明Napster導致音樂銷售下滑，那需要對盜版不存在時的銷售做可靠的估計——亦即第三章討論過的「反事實」估計。以隨機實驗來做研究可能很理想，但是那種實驗幾乎不可能進行——亦即針對一組隨機選取的商品或隨機選取的顧客，暫停一切盜版，那樣的實驗著實令人難以想像。

既然缺乏隨機的實驗，有人可能會直接做跨產品或跨消費者的比較，亦即詢問以下的問題：遭到大量盜版的產品，是否銷售少於其他的產品？擁有大量盜版品的消費者，是否比其他的消費者購買更少的商品？遺憾的是，這種方法有第三章提過的「內生性」問題。在銷售方面，遭到大量盜版的產品，本質上就和盜版很少的產品不同。擁有大量盜版品的消費者，本質上就和沒有盜版品的消費者不同。因此，假設A商品很少盜版，B商品有大量盜版，你不能拿A的銷量來估算B沒有盜版時的銷量。同樣的道理也適用在消費者身上。

儘管有這些障礙，研究人員依然設法設計了研究，以判斷盜版對正版銷售的影響。這類研究大多是使用不相關的事件（亦即計量經濟學家所謂的「工具」）來模擬隨機實驗。為此，工具必須大幅改變盜版的容易度，而且不能和正版銷售有直接相關。例如，在前述那篇發表於《政治經濟期刊》的論文中，菲力克斯．奧伯霍澤－吉（Felix Oberholzer-Gee）和科曼・史壯夫（Koleman Strumpf）運用德國學校的假期來衡量盜版對二〇〇二年美國音樂銷售的影響。為什麼要用德國學校的假期來研究美國的盜版呢？因為他們推斷，德國學生休假時有很多時間可以下載盜版商品，因此更容易和美國的人分享檔案，而且德國學校和美國的音樂銷售型態又不相關。其他的研究人員也使用不同的工具（例如不同城市之間寬頻網路的普及度、iTunes上是否供應某電視網的節目、某個國家實施反盜版法規等等）來衡量盜版的影響。

上述的研究都不完美，所有的實證研究都受到一些限制，包括統計方法、可用的資料、那些資料是否能概括地推論到其他情境等等。因此，了解學術文獻的最好方法，是廣泛地閱讀已發表的研究結果，看同樣的結果出現在不同情境中的頻率有多高。我們和布雷特・丹納赫（Brett Danaher）就是這樣做，並發表了兩篇論文：一篇發表於《創新政策和經濟》（*Innovation Policy and the Economy*）中（美國國家經濟研究局於二〇一五年出版）[12]，另一篇於二〇一一月向世界智慧財產權組織（World Intellectual Property Organization）發表[13]。在那兩篇論文中，我們找出所有有關「盜版是否傷害銷售」的同行評審論文，總共找到二十五篇[14]。其中三篇提到盜版不影響銷售的實例，另外二十二篇提到盜版嚴重傷害正版銷售的實例（這二十五篇論文列於第一五二頁至一五七頁的附錄表格）。

對於「盜版是否影響銷售」這個複雜的問題，那二十五篇論文裡，有二十二篇以實例證明確實有影響，這在學術界中算是非常強而有力的共識[15]。所以，實際上，這個議題在學者之間已經有定論了。在絕大多數的例子中，盜版確實有大家預期的那些效果，它讓原本可能花錢購買內容的消費者免費得到商品，因此減少了消費。

而且，盜版對銷售的影響只揭露了部分的事實。問題在於，盜版不僅減少銷售，也讓業者更難從剩下的消費者獲得營收（至少從娛樂業的觀點來看是如此）。因為盜版為消費者創造了新的替代選項，那個選項和正版競爭時，不僅有價格優勢，連時效性、品質、好用度都毫不遜色——那些正好都是娛樂業的商業模式所依賴的獲利要素。誠如第三章所述，控制商品何時發布及如何發布的能力，是娛樂業獲利的關鍵。消費者原本要等電影院上映幾個月後，才能在iTunes上購買電影（一般畫質是十至十五美元，高畫質是十五至二十美元），若要租到電影（三至五美元），還要再多等幾週。如今有了盜版這個選項以後，消費者可以免費取得高畫質的盜版電影，幾乎任何裝置上都可以觀賞，而且是正版上映後馬上就能下載盜版（有些盜版甚至比正版**提前**一兩週出現），這也迫使發行商降低價格及改變發行策略。

當然，從消費者的角度來看，這似乎是一件好事。他們不再需要苦等幾個月，才用想要的格式觀看內容。他們也不需要為那些幾乎毫無成本的盜版內容付出高價。即使盜版對業者不利，對消費者肯定是有利的，不是嗎？

盜版是否傷害消費者？

這個問題很複雜，就很多方面來說，這比「盜版是否傷害銷售」更加複雜。有些學者認為，即使盜版傷害了銷售，消失的業績只是一種財富的轉移，從生產者轉移到消費者罷了。當你只關注銷售受損時，你也忽略了盜版可能帶來的潛在利益——尤其你讓消費者取得他們本來就不會掏錢購買的內容時，那也會衍生效益。事實上，我們可以輕易證明，「假設」盜版不會改變新內容的生產，消費者從盜版獲得的效益比生產者的損失還多[16]。

但問題是，那是很大的「假設」。如果盜版導致生產者的營收減少，再也無法生產某些類型的內容，那會變成什麼樣子？那不是也傷害到消費者了嗎？國際唱片業協會就是提出這樣的論點，它指出，音樂是「投資密集的產業」，所以盜版「導致整個產業更難像以前那樣持續地投資，以栽培新秀[17]」。如果唱片公司、片商、出版商知道盜版會減少它們在某些投資上的獲利，它們一開始當然會降低投資意願。如果娛樂業減少對新內容的投資，長遠來看，那也會損及消費者。

這個論點直覺聽起來很有道理，但實際上很難衡量，原因有幾個。第一，盜版對投資的影響很難單獨衡量，因為促進盜版的科技進步也降低了生產成本，並為藝人開創了新的創作選項，這兩點可能提高了整體投資及產業的產出。此外，設計一個衡量娛樂業「投資」的可靠方式也很難。在有些產業裡（例如製藥和生物科技），你可以研究每年發布的專利數量來衡量創新。創意產業則不同，一般來說，你只能以非常概略的方式來衡量創意產業的創新，例如衡量發行的圖書、電影或專輯數量。然而，在這些產業裡，有鑑於長尾效應日益重要（這本身就很難衡量），光看數量並不是特別實用的衡量指標。所以，有一種選擇是衡量娛樂業一定會投入生產的熱門優質內容，看這類內容的生產有什麼變化。

可惜的是，那些變化也很難衡量，因為衡量那些變化時，需要把產量調至特定的品質水準，那本身就很難做到。不過，二〇一二年，喬爾．瓦德佛格（Joel Waldfogel）在研究網路盜版如何影響一九九九年以後（Napster 出現那年）的音樂供給、創作、品質時，克服了那個困難[18]。他的研究很有啟發性，我們在此剖析一下。

為了衡量品質（這顯然是一種主觀的衡量），瓦德佛格是依賴群眾智慧。具體來說，他是去找專業樂評的評估，亦即八十八份「最佳」排行榜單（例如《滾石》雜誌（*Rolling Stone*）發布的五百張最佳專輯榜單）。那個指數涵蓋了一九六〇年至二〇〇七年期間，榜單來自美國、英國、加拿大、愛爾蘭等地，總共有一萬六千多份音樂作品。下圖6.2顯示那個指數的型態：一九六〇年到一九七〇年間品質上升；一九七〇年到一九八〇年間品質下降；一九九〇年代中期品質上升；一九九〇年代後半期品質下滑；二〇〇〇年以後品質持平。由於指數顯示早在一九九九年Napster出現以前，品質就已經下滑了，而且Napster出現以後，品質很穩定，瓦德佛格因此推論，他的資料「無法證明Napster出現以後，音樂品質下滑」[19]。他也使用廣播播放和銷售

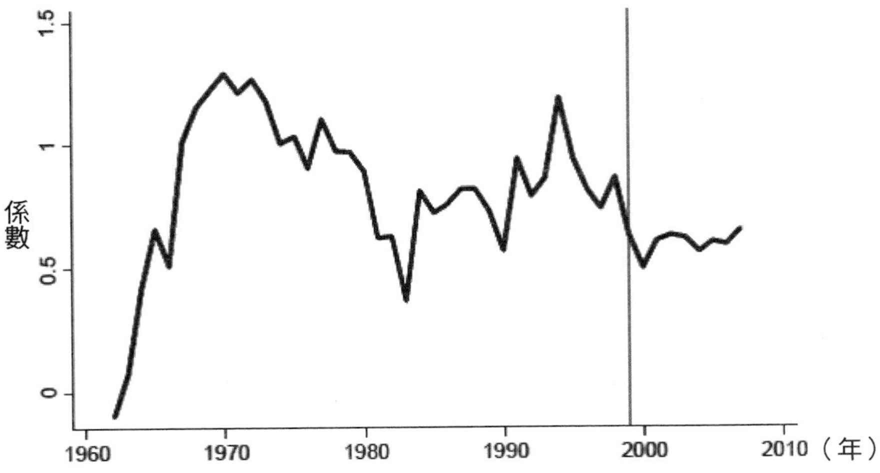

圖6.2：以樂評為基礎的品質指數

資料來源：喬爾．瓦德佛格（Joel Waldfogel），〈版權保護、科技改變、新產品的品質：Napster出現後的音樂證據〉（Copyright Protection, Technological Change, and the Quality of New Products: Evidence from Recorded Music since Napster），《法律與經濟期刊》（*Journal of Law and Economics*）55 (2012), no. 4: 715-740, figure 3, page 722。

資料來製作類似的品質指數，每一項指數都證實了他的結論。

這個結果怎麼解釋呢？為什麼產業營收大幅下滑，但音樂的品質維持穩定？營收下滑不是會導致投資減少，並製作出品質較差的音樂嗎？

有一種解釋是，音樂盜版增加不是影響一九九九到二〇〇八年間音樂產業的唯一力量。一九九〇年代末期出現了科技變革——那個變革大幅降低了製作、宣傳、配銷音樂的成本，因此改變了音樂產業的根本。如今藝人可以使用市面上的現成軟體來錄製音樂，品質媲美以前只能在昂貴錄音室裡製作出來的音樂。除了製作以外，科技也使宣傳不再侷限於特定的通路，Pandora、Last.fm*等網站為各種藝人提供了低成本的宣傳。配銷也是如此，第二章提過，在CD年代，幾家大型唱片公司和零售商主宰市場，藝人需要靠這些大公司來配銷音樂。如今藝人上iTunes之類的通路發行音樂，幾乎沒什麼成本。

總之，研究Napster出現以後的新音樂品質，頂多只會知道：降低製作、宣傳、配銷成本的科技創新和盜版同時出現時，發生了什麼事。但我們不知道，若是製作、宣傳、配銷成本都沒變，盜版會不會傷害內容的供給。為了回答這個問題，我們來看一下電影業。電影製作的成本遠比歌曲還高，所以有人可能會預期，營收大幅下滑可能導致電影的製作和供給萎縮得更厲害，這樣應該比較容易看出盜版的影響。但我們研究電影業時，依然遇到跟音樂盜版一樣的問題。因為撼動音樂界的事業擴張及科技衝擊，也同樣撼動了電影界，而且那些變化也正好和盜版出現的時間一樣。

我們真正需要的，是研究新科技促成盜版、但未大幅改變其他商業面向的情況。為此，我們需要回到一九八〇年代的中期，那時印度剛出現錄放影機。

印度從二十世紀初就是電影製作大國，進入電影業的一大動機是為了獲利。長久以來，電影製作者可以自由進入及退出市場。在錄放影機出現以前，電影盜版很難，幾乎不存在，所以我們應該可以觀察到錄放影機促成的盜版對一九八〇年代和一九九〇年代初期的電影供需有何影響——尤其那段期間沒有科技變革大幅改變印度電影的製作和配銷成本架構。

那段期間的資料告訴我們什麼呢？二〇一四年，我們和瓦德佛格比較了「一九八五年以前vs.一九八五年到二〇〇〇年」的印度電影業資料。那項研究顯示，錄放影機促使盜版出現後，電影業的營收大幅下滑——有鑑於研究人員幾乎一致認為盜版有害銷售，這個結果並不令

＊ Last.fm：一個網路電台兼音樂社群平台，用戶可量身打造自己的音樂清單、聆聽相似品味的音樂電台。

人意外。不過，我們的研究也分析那段期間印度電影業的製作變化，我們的發現會讓那些覺得盜版無害的人大感意外。資料顯示，一九八五年後，印度製作的電影數量大幅減少（左頁圖6.3），IMDb*的評價顯示，電影的品質也大幅下降（左頁圖6.4）[20]。

數量與品質之所以雙雙下降，我們覺得最有可能的原因是：錄放影機導致盜版出現。這個解釋也促成一個重要的新發現：至少在一九八五年到二〇〇〇年間的印度，盜版確實降低了創作新內容的動機。

這使我們回到本章一開始提到的狀況。對一九八〇年代在印度或甚至在華盛頓郊區成長的人來說，他很容易以為隨性的盜版不會傷害到任何人。但事隔多年，仔細分析資料後，我們得出相反的結論：盜版不僅傷害生產者，如果生產者覺得某類內容的製作不再有利可圖，盜版也

* IMDb：網路電影資料庫，內容涵蓋影視、演員、藝人、電子遊戲等資訊。一九九八年被亞馬遜收購。

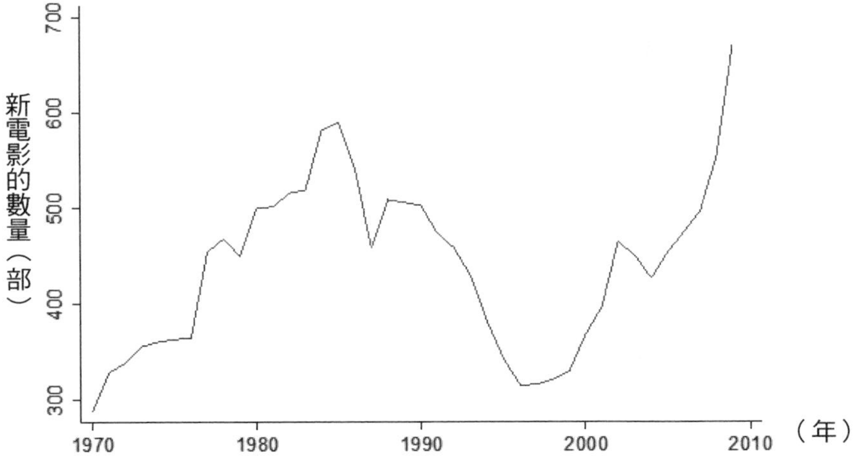

圖6.3：印度的電影年產量

資料來源：IMDb，1970-2010

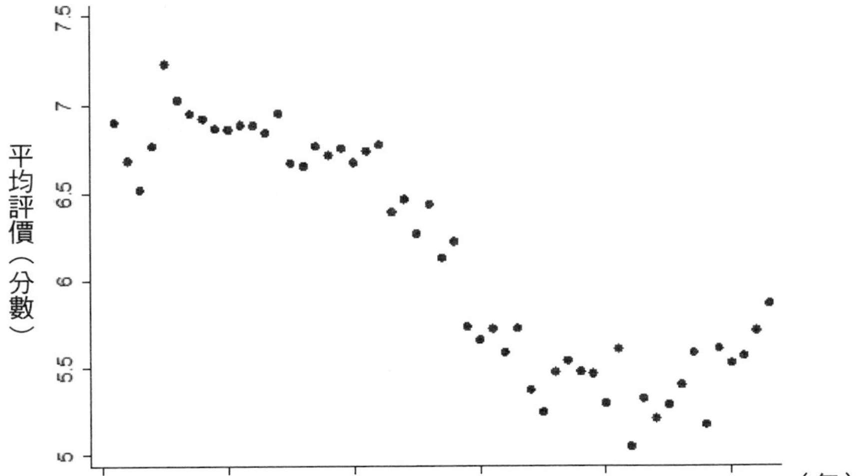

圖6.4：IMDb上觀眾對印度電影的平均評價

會傷害到消費者。

有什麼解決辦法嗎？這要看你所謂的「解決辦法」是什麼意思。如果你想找消除所有數位盜版的方法，那是不太可能的。只要內容可以數位化，就會有人想辦法複製，並拿到線上和朋友或陌生人分享。由於沒有阻止數位盜版的完美方案，有人可能會說，政策制定者別想再嘗試阻止盜版了，應該轉而思考如何協助重新分配產業營收。《紐約時報》的科技記者尼克・比爾頓（Nick Bilton）在二〇一二年提過這樣的論點[21]。他在評論版中發表〈網路盜版永遠是贏家〉（Internet Pirates Will Always Win）一文，並在文中清楚表示，他覺得打擊盜版毫無意義。「阻止網路盜版就像在玩全球最大的打地鼠遊戲。」他寫道：「你打下一隻，還有無數隻迅速冒出來，而且那槌子又重又慢。」那個比喻相當生動，也很有道理。內容辨識系統可能遭到愚弄，你硬是關閉一些盜版網站，只會促使新的網站開張。新發明的檔案分享技術確實使追蹤盜版變得更加困難，但比爾頓陳述論點時，並未考慮到線上價格競爭的歷史。回想一九九八年，當時大家覺得網路會讓消費者輕易找到線上最低價——那是一九九八年五月十一日羅伯・庫特納（Robert Kuttner）在《商業週刊》（*Business Week*）上提到的論點：「網路是一個近乎完美的市場，因為資訊是即時的，買家可以比較全球賣家的商品。結果將導致價格競爭激烈，產品差異化縮小，品牌忠誠度下降。[22]」

當時庫特納的論點看似很有道理。既然你可以輕易找到更便宜的商品，何必付較高的價錢呢？但那個論點忽略了一個重點：產品差異。如果你可以利用可靠性、便利性、服務、品質或時效性來創造產品差異化，即使其他地方賣得比較便宜，消費者通常很樂於為此多付點錢。

例如，我們和布林優夫森合作了一項研究，分析消費者在比價網站上的行為[23]。比價網站的用戶可說是網路上對價格敏感度最高的消費者，我們的資料可以看出他們對於不同價格的選擇有何反應。資料顯示，即使同一個搜尋頁面上顯示1bookstreet、altbookstore、booksnow等不知名的網站賣得比較便宜，只要點擊一下就可以省點錢，但消費者仍願意多花幾塊錢從亞馬遜買書。

這和反盜版的規範有什麼關係？關係可能很大！你先想想數位媒體的空間，接著再想像創意產業及它們的合法線上配銷商扮演類似亞馬遜的角色，盜版網站扮演類似1bookstreet、altbookstore、booksnow那種低價的替代選項。即使消費者明知網路上有免費的盜版可抓，只要創意產業提供適當的產品差異化（例如業者利用iTunes和Hulu來改善它們配銷商品的方便性、品質、可靠性），它們「應該」也可以說服一些人透過合法通路來購買它們製作的內容。

但「應該」不算是證據。有什麼實證可以證明，透過iTunes和Hulu等網站提供內容時，可促使一些消費者從使用盜版轉為消費正版呢？我們在兩個情境中研究了這個問題，發現答案是肯定的。

以iTunes配銷為例，我們和某大片商合作，分析它們把比較舊的電影也放上iTunes時，盜版對那些電影有什麼影響。我們的資料涵蓋了二〇一一年二月到二〇一二年五月之間，一千多部放在iTunes四十八國銷售的舊電影。結果顯示，相對於類似的對照組，在iTunes上發布這些電影使盜版需求下降了百分之六・三，對照組的盜版需求並未改變。

我們研究二〇〇九年七月六日ABC把電視劇放上Hulu時，盜版情況有何變化，結果也發現類似的結果。在分析中，我們比較ABC把九部劇放上Hulu串流後的盜版情況，和對照組（沒上Hulu串流的六十二部劇）的盜版情況。研究結果歸納在左頁圖6.5中，那是比較ABC把九部劇放上Hulu的前後四週，實驗組和對照組的盜版情況[24]。如圖所示，實驗組和對照組在七月六日以前的那四週，盜版情況差不多。但ABC把內容放上Hulu後，實驗組的盜版情況馬上比對照組少了很多，以百分比表示的話，把戲劇放上Hulu串流使盜版減少約百分之十六。

總之，亞馬遜可以運用消費者對優質服務、便利、可靠的預期，讓自家商品有別於低價競爭者。娛樂業的公司也可以運用消費者對可靠、方便、不盜用內容的追求，來區隔正版和盜版內容。

不過，娛樂業的公司還可以善用另一個重要策略與盜版競爭。它們不僅可以控制商品的差異化（像亞馬遜和其他書商的競爭方式），也可以和政府合作，使消費者更難下載盜版，或提高下載盜版的法律風險，以降低盜版的方便性、品質、可靠度。

運用法律措施打擊盜版的能力，也

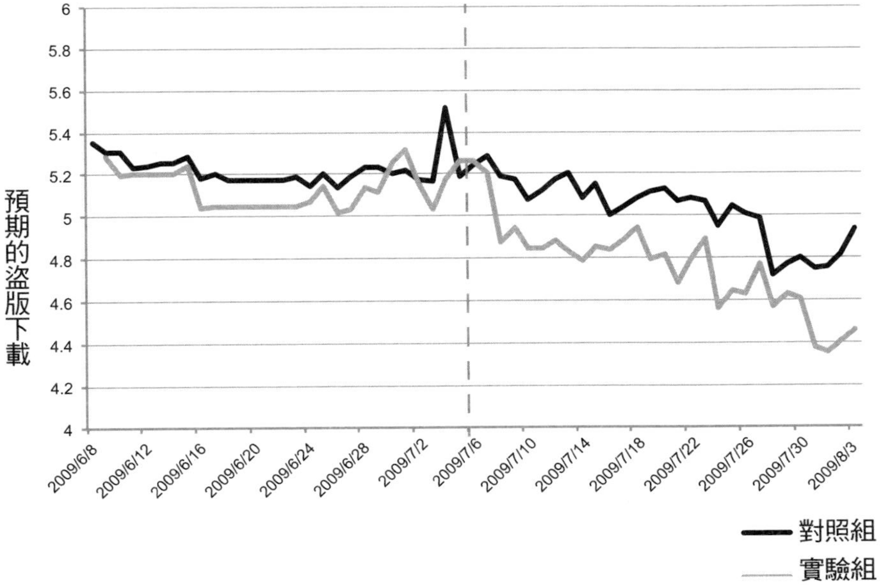

圖6.5：ABC把電視節目增添到Hulu前後的盜版情況

帶出了一個重要的問題：這種反盜版介入真的會使消費者從下載盜版轉為購買正版嗎？我們研究了這個問題，因為它可以套用在三種截然不同的反盜版措施上：針對盜版的需求面發送警告；關閉網站；針對盜版的供給面進行網站封鎖。在這三種情況中，我們發現答案都是肯定的。

例如，二〇一二年，我們研究二〇〇九年法國施行「發送警告」反盜版法（一般稱為HADOPI）的效果。由於這個法令只影響法國的消費者，我們可以比較該法律對iTunes在法國的銷售狀況及對照組（統計上類似的國家）的影響。這種比較實驗組和對照組的方法，讓我們排除了其他同時影響法國及對照組消費者的不相關變化，例如季節性變化或蘋果推出新商品的影響。資料顯示，法國的反盜版法使法國的音樂銷售比對照組增加了百分之二十到百分之二十五[25]。我們也發現盜版嚴重的音樂類型（例如饒舌、嘻哈、搖滾）比盜版較不嚴重的類型（古典、爵士、民謠、福音）銷量增幅更大。這個結果呼應了一般的預期，因為饒舌、嘻哈、搖滾樂的消費者受反盜版法律的影響，比其他類型的消費者還大。顯然，提高盜版的法律風險，使一些消費者從消費盜版轉為購買正版。

二〇一四年，我們研究了另一種打擊盜版的方法：關閉整個盜版網站。我們把焦點放在網路儲存平台Megaupload.com的關閉上。這個網站遭到關閉以前，上面有多達二十五PB以上的侵權內容，占用網路總流量的百分之四[26]。二〇一二年一月，美國司法部主導一場複雜的執法行動，關閉了那個網站——對我們的研究目的來說，關閉網站算是對盜版取得的自然衝擊。

不過，由於Megaupload的關閉是全球性的，我們無法像研究HADOPI法律那樣，比較受影響的國家和不受影響的國家在銷量上有何差異。不過，我們知道Megaupload在某些國家的熱門度比其他國家高，那促使我們提出一個假設：如果關閉Megaupload會影響用戶行為，那個影響在愛用Megaupload的國家裡應該會比其他的國家還大。研究結果驗證了這個假設。

對於這項研究，我們是分析十二個國家在Megaupload關閉前後的數位內容銷售狀況。我們發現，在愛用Megaupload的國家裡，網站關閉後，數位內容業績的增幅確實比其他國家大[27]。根據那個結果，我們因此推論：關閉Megaupload，使我們資料集裡那些片商的數位電影銷售增加了百分之六・五到百分之八・五。顯然，關閉大型盜版網站也可以使一些消費者從消費盜版轉為購買正版。

但是關閉盜版網站是很複雜的行動，尤其網站架設在海外時更是困難。例如，為了關閉Megaupload，需要九國執法機構的精確協調，而且還要同時執行二十個搜索令[28]。因此，許多國家選擇比較簡單的方式：阻止網路用戶連上那些網站。網站封鎖法是要求該國的網路服務供應商（Internet Service Provider，簡稱ISP），阻止用戶連上法院裁決的盜版網站。不過，熟悉網路的用戶還是有辦法繞過阻礙，這也帶出了另一個問題：如果封鎖網站無法達到百分之百的封鎖效果，那對消費者的行為有影響嗎？二〇一五年，我們研究了英國實施封鎖網站法規的效果。為了研究目的，我們取得了記錄消費者造訪封鎖網站及合法網站的資料。我們使用的策略，類似之前研究Megaupload的策略，先提出一個假設：如果網站封鎖會影響消費者的行為，那應該對那些盜版網站的重度用戶影響較大[29]。研究結果再次驗證了那個假設，不過，這次的結果多了一個耐人尋味的轉折。我們發現，二〇一二年五月熱門盜版網站海盜灣（The Pirate Bay）遭到關閉時，並未影響合法網站的流量。海盜灣的用戶直接轉往其他的盜版網站，但二〇一三年底同時封鎖十九個盜版網站後，我們發現正版電影串流網站的造訪數增加了百分之十二。一如預期，盜版的重度用戶轉往正版網站的增幅（百分之二十三・六）比輕度用戶（百分之三・五）高出許多。這表示封鎖網站不見得要達到完全封鎖才有效，有些盜版消費者覺得尋找盜版變得太麻煩時，就會改買正版。

總之，賈伯斯說得對。你無法阻止盜版，你非得跟它競爭不可。不過，資料告訴我們，這個競爭可以採取兩種形式。你可以使付費的正版變得更好用、更方便、更可靠，使免費盜版難以與之匹敵；或者，你也可以使盜版內容變得更難取得、更不方便，或更不可靠。這對內容創作者來說是個好消息。如果盜版是創意產業面臨的唯一威脅，這些反盜版、有利市場的策略，也許可以確保大公司目前的商業模式在未來繼續穩健地運作。但誠如我們討論長尾效應時所說的，盜版不是影響娛樂業的唯一重大威脅。在下一章中，我們將討論另一個重大威脅：藝人創作及發布內容的新機會，以及「自製」內容的大量湧現。

附錄

表6.1列出發現「盜版沒有統計效應」的同行評審期刊論文。表6.2列出發現「盜版有害銷售」的同行評審期刊論文。

表6.1：發現「盜版沒有統計效應」的同行評審期刊論文

	原始資料	結果
奧伯霍澤—吉（Oberholzer-Gee）和史壯夫（Strumpf）；2007年；《政治經濟學期刊》（*J. of Political Economy*）	2002年OpenNap音樂下載，2002年美國熱門專輯的銷售	「檔案分享對我們樣本中的平均專輯購買，沒有統計上的顯著影響。」
史密斯（Smith）與泰朗（Telang）；2009年；《MIS季刊》（*MIS Quarterly*）	2005年至2006年亞馬遜DVD銷售排名和BitTorrent的電影檔案下載	「盜版電視節目的取得性，對節目播閉後的DVD銷售沒有影響。」
安德森（Andersen）與弗蘭茲（Frez）；2010年；《演化經濟學期刊》（*J. of Evolutionary Economics*）	2006年加拿大顧客的檔案分享和CD購買行為	「P2P檔案下載和CD專輯銷量之間沒有統計相關性。」

表6.2：發現「盜版有害銷售」的同行評審期刊論文

	原始資料	結果
許（Hui）與方（Png）；2003年；《經濟分析與政策》（*Economic Analysis & Policy*）	1994年至1998年IFPI全球CD銷售資料和實際盜版率	「音樂CD的需求隨著盜版增加而下降，可見盜版的『竊盜』效果超過了『正面』效果。」
培茲（Peitz）與魏布羅克（Waelbroeck）；2004年；《版權經濟研究評論》（*Rev. of Econ. Res. on Copyright*）	1998年至2002年全球CD銷售，IPSOS盜版下載的調查資料	「1998年至2002年間，因MP3下載而造成的CD銷售損失是20%。」
詹納（Zentner）；2005年；《經濟分析與政策的議題》（*Topics in Economic Analysis and Policy*）	1997年至2002年國家的音樂銷售和寬頻使用資料	「網路和寬頻普及度較高的國家，音樂銷售下降的幅度較大。」
史蒂文斯（Stevens）與賽勳斯（Sessions）；2005年；《消費政策期刊》（*J. of Consumer Policy*）	1990年至2004年消費者在卡帶、黑膠唱片、CD上的開銷	「2000年以來，P2P檔案分享網站大增，導致音樂銷售顯著下降。」
布尼（Bounie）等人；2006年；《版權經濟研究評論》	2005年法國大學的電影盜版和購買調查	「盜版對影片（VHS和DVD）的購買及出租有強大的負面影響。」但統計上對票房收入沒有影響。

	原始資料	結果
米歇爾（Michel）；2006年；《經濟分析與政策的議題》	1995年至2003年美國BLS微型消費者支出調查資料	盜版的存在使「擁有電腦與購買音樂之間的關係減弱」，可能使CD銷售減少13%。
羅伯（Rob）與瓦德佛格（Waldfogel）；2006年；《法律與經濟期刊》（*J. of Law and Economics*）	2003年美國大學生的盜版和購買行為調查	「在我們的樣本中，每次專輯下載使購買減少了0.2%，雖然減少的幅度可能實際上更大。」
詹納；2006年；《法律與經濟期刊》	2001年對歐洲音樂購買和盜版行為的調查	「盜版可能是導致購買音樂的機率下降30%的原因。」
巴塔查吉（Bhattacharjee）等人；2007年；《管理科學》（*Management Science*）	1995年至2002年Billboard 100排行榜，2000年後的WinMX檔案分享	P2P檔案分享技術導致「專輯的排行榜上榜率大幅下降，除了那些一發行就空降榜單前面的專輯以外。」

	原始資料	結果
德凡尼（DeVany）與沃斯（Walls）；2007年；《產業組織評論》（*Rev. of Industrial Organization*）	某部未具名電影的票房營收和盜版內容的供給	「大製片商的電影遭到盜版時，會導致票房收入加速下跌，使片商損失約四千萬美元的收入。」
漢尼－蘇洛（Hennig-Thurau）、漢寧（Henning）、薩特勒（Sattler）；2007年；《行銷科學》（*Marketing Science*）	2006年德國電影購買和盜版意圖的調查	盜版導致「票房收入、DVD出租和購買的收入大幅受蝕，德國每年因此失去的營收約三億美元」。
羅伯與瓦德佛格；2007年，《產業經濟期刊》（*J. of Industrial Economics*）	2005年賓州大學學生的電影購買和盜版行為調查	「首次盜版消費，減少付費消費約一單位。」
李伯維茲（Liebowitz）；2008年；《管理科學》	1998年至2003年寬頻網路使用和音樂購買的普查資料	「檔案分享看來導致1998年到2003年間的整體唱片銷售下滑。」
班德（Bender）與王（Wang）；2009年；《國際社會科學評論》（*International Social Science Rev.*）	1999年至2007年國家年度唱片銷售	「盜版率每提升1%，音樂銷售下滑約0.6%。」

	原始資料	結果
丹納赫（Danaher）等人；2010年；《行銷科學》	2007年至2008年BitTorrent的電視節目下載	「NBC從iTunes移除內容時，導致NBC節目的盜版率增加11.4%。」
瓦德佛格；2010年；《資訊經濟與政策》（*Information Economics and Policy*）	2009年至2010年華頓商學院學生的音樂盜版和購買調查	「每一首歌曲遭到盜版，就降低一首歌的付費消費六分之一至三分之一。」
白（Bai）與瓦德佛格；2012年，《資訊經濟與政策》	2008年至2009年中國大學生的電影行為調查	「中國學生觀賞的電影中，有四分之三沒付費……每看一部盜版電影，約取代0.14部付費電影的消費。」
丹納赫（Danaher）等人；2013年；《產業經濟期刊》	2008年至2011年法國和其他歐洲國家的iTunes音樂銷售	「HADOPI反盜版法」使iTunes在法國的音樂銷售，比對照組的銷售增加了22%至25%。」

	原始資料	結果
洪（Hong）；2013年；《應用計量經濟學期刊》（*J. of Applied Econometrics*）	1996年至2002年美國BLS消費支出調查資料	「檔案分享可能解釋Napster期間約20％的總業績下滑，那主要是受到家有6到17歲青少年的家庭的下載活動所影響。」
丹納赫與史密斯；2014年；《產業組織國際期刊》（*International J. of Industrial Organization*）	2011年至2013年三大片商在十二個歐洲國家的電影銷售和出租資料	「Megaupload及相關網站遭到關閉時，三大片商的數位收入增加了6.5％至8.5％。」
馬（Ma）等人；2014年；《資訊系統研究》（*Information Systems Research*）	2006年2月到2008年12月間發行的所有電影票房收入	「相較於電影上映後的盜版，電影上映前的盜版導致營收減少19.1％。」
艾德蒙（Adermon）與江（Liang）；2014年；《經濟行為與組織》（*J. of Economic Behavior & Organization*）	2004年至2009年瑞典、挪威、芬蘭的數位與實體音樂銷售	瑞典的IPRED版權改革措施「在實施的最初六個月，提高音樂銷售36％，所以盜版音樂似乎是正版音樂的強大替代品。」

7

還權於民

「以前，我們這些電視和電影的從業者可以等人才主動上門，我們握有娛樂王國的鑰匙。有人想對觀眾呈現才藝，需要帶著故事來找我們。但現在情況變了，而且變得很快。」

——凱文・史貝西，二〇一三年愛丁堡國際電視節，詹姆斯・麥塔加特（James MacTaggart）紀念講座，《衛報》（*The Guardian*）報導我們在第二章中提過，以前作家、歌手、演員想在業界走紅的話，需要依賴大公司。與大型出版商、唱片公司或片商簽約，是取得創作資助和製作專業的唯一方法，也是透過稀少的宣傳與配銷通路把內容傳遞給觀眾的必要做法。但現在基於多種原因，一切正在迅速轉變。

首先，創作內容的成本已大幅下滑，一般大眾也可以享有專業品質的製作。對多種創作內容來說，創作者不再需要使用昂貴的設備來製作內容。例如，攝影師基蘭・克里利（Kieran Crilly）用Canon 5D Mark III（亞馬遜上的售價僅幾千美元）拍攝的紀錄片《六號房女士：音樂拯救生命》（*The Lady in Number 6*）獲得了奧斯卡獎的肯定[1]。許多大片商的電影是使用Final Cut Pro軟體做剪接，連二〇一〇年和二〇一一年榮獲奧斯卡最佳剪輯獎的電影也是，而這套軟體的售價才三百美元[2]。

第二，製作設備的成本也大幅下滑，現在許多創作者也負擔得起專業品質的設備。訂戶五千人以上的YouTube創作者可以加入「YouTube合作夥伴計畫」（YouTube Partner program），前往位於洛杉磯、紐約、東京、倫敦、柏林、孟買、聖保羅的YouTube影音製作中心（YouTube Spaces），使用專業級的製作和剪輯設備，也可以上化妝、設計、錄影等課程。

第三，如今愈來愈容易花錢請自由工作者來幫你推動專案。言情小說家芭芭拉・弗雷西（Barbara Freethy）想把她寫的幾本絕版小說推向國際市場時就是這樣做，她不是請出版社的員工幫忙，而是上Elance.com*。那個線上平台彙集了提供專業服務的自由工作者，她可以自己為德文、西班牙文、法文版本挑選譯者和編輯[3]。

除了製作以外，有些創作者也運用科技把「內容開發」眾包出去。例如，有「印度廣播界魔笛手」之稱的尼樂許・米斯拉（Neelesh Misra）就是這樣做。他主持《記憶的白癡盒》（*The Idiot Box of Memories*）這個廣播節目，該節目在印度的聽眾有四千兩百萬人，最近節目的觸角也延伸到臉書和YouTube[4]。這個節目是每週一到週五播出，以十五到二十分鐘的印度日常故事為主題，一年要找兩百多則故事的點子是相當龐大的任務，米斯拉是從哪裡找到那些故事的？當然是聽眾。他在印度各地贊助了多個寫作社團，社團的成員撰寫及閱讀了數千個故事，他從中挑選出最精采的故事來當節目的素材。

新的科技發展也讓大眾可以輕易使用一些銷售平台，例如出版方面可以使用蘋果的iBookstore、亞馬遜的「Kindle直接出版」（Kindle Direct Publishing）；音樂方面可以使用

Bandcamp、Pledgemusic、亞馬遜的Artist Central*，影片方面可以使用YouTube的合作夥伴計畫。數位發布工具的彈性日增，讓創作者打破了傳統唱片、電影、電視節目、圖書的創作模式。例如，奧利佛・布魯迪（Oliver Broudy）的《聖人》（*The Saint*）是描述他和一位甘地紀念品的收藏家一起旅行的回憶錄，全文共兩萬八千字，對雜誌編輯來說太長，印成書籍出版又太短。但是在亞馬遜的Kindle Singles**平台上，銷量異軍突起[5]。

此外，現在的創作者也懂得善用愈來愈廣的募資機會。例如，二〇一二年，賽斯・高汀（Seth Godin）利用Kickstarter為《伊卡魯斯騙局》（*The Icarus Deception*）的出版募資，四小時內就募到四萬美元[6]，最後募款總額達到二十八萬美元[7]。一年後，電視劇《偵探小天后》（*Veronica Mars*）的製作人也上Kickstarter募資，起因是該劇在UPN及CW電視網上播完三季後，毫無續拍的消息，製作人因此上網為拍攝電影募資[10]，十小時內就募集了兩百萬美元[8]，最後募資總額高達五百七十萬美元[9]。

* Elance.com：線上外包工作媒合平台。二〇一五年已與oDesk合併成為Upwork。

** Kindle Singles：短篇形式的電子書，長度介於五千字至三萬字，頁數介於三十頁至九十頁之間，比一般雜誌長，但比普通圖書短。

對娛樂業來說，這些實例意味著什麼？這「不」表示製片商、出版商、唱片公司再也沒有用處了。大公司仍會在製作設施和專業上、宣傳經費上、配銷通路上持續支持創作者，但我們覺得上述改變威脅到大公司的長期勢力和獲利，因為自製自銷的成長會改變大公司與下面四大族群之間的關係：創作者、消費者、現有的商業夥伴、經銷商。底下我們將逐一探討這四種關係，先從創作者開始談起，他們現在有新的機會自己創作內容，直接接觸觀眾，不再需要產業守門人的協助。

創作者

如果你和一位朋友想把創作歌曲及搞笑短劇的興趣結合起來，以知名的歷史人物為主角，開發一系列名人辯論音樂劇，你們會怎麼做？如果你很愛寫吸血鬼的浪漫小說，想讓年輕的讀者讀到你的作品，你會怎麼做？如果你想向大眾發表你編的舞蹈和嘻哈版小提琴演奏曲，你會怎麼做？以前，除非你是知名的創作者或藝人，否則你很難說服業界守門人冒險投資你的古怪創作，但現在你有辦法實現夢想了。事實上，上述情境都有對應的真實故事。

我們先來看彼得・蕭科夫（Peter Shukoff）和洛伊特・阿奎斯特（Lloyd Ahlquist）。他們把名人辯論的概念變成一系列影片，在網路上爆紅了起來。一九九〇年代末期，阿奎斯特把蕭科夫拉進他創立的即興搞笑劇團Mission IMPROVable，從此以後兩人開始合作，到各大專院校及小型的喜劇俱樂部巡迴表演。他們經常表演的一種內容是請觀眾建議歷史人物，讓他們在台上即興演出饒舌辯論劇。二〇〇九年，蕭科夫開了一個YouTube頻道，專門放這類搞笑內容，他逐漸相信他們的饒舌辯論短劇很適合做成預錄格式。這樣一來，他們會有更多的時間研究角色，創作更多的內容，增添先進的視聽效果。他和阿奎斯特後來決定把他們的遠景推向市場。

他們是怎麼做到的呢？首先，我們來看他們的資金。一九九〇年代末期，專業影片製作需要專門的器材和昂貴的設備，但二〇〇九年每個智慧型手機的用戶都隨身帶著高畫質的錄影工具，而且只要花幾百美元就可以買到專業的影片剪輯和混音軟體。所以，蕭科夫和阿奎斯特製作最初三支影片時，只花了五十美元[11]。

同樣的，二〇〇九年，新的發布通路也出現了，所以他們不需要重新改變創意架構，以配合制式的三十分鐘電視播放時段，或是說服電視台的高層冒險採用他們的小眾概念。YouTube

（創立於二〇〇五年）允許用戶上傳各種長度的影片。

至於製作專業和創作支持呢？蕭科夫是自己上YouTube看一些影片來精進影片製作技巧[12]。創作支持方面，他不是雇用一群寫手，而是請YouTube頻道的訂戶提供點子，例如一個粉絲提議約翰・藍儂（John Lennon）和比爾・歐萊利（Bill O'Reilly）*之間的饒舌辯論，於是《經典饒舌爭霸戰》（Epic Rap Battles of History，簡稱ERB）就此應運而生。

第一場辯論是由蕭科夫（又名NicePeter）扮演藍儂，阿奎斯特（又名EpicLloyd）扮演歐萊利，二〇一〇年九月二十六日在蕭科夫的YouTube頻道上首播，兩週內的觀看次數就突破十五萬次。那支影片最後附上一句標語：「誰贏了？下次換誰上場？你來決定？」那句話吸引了大批觀眾留言提議。《經典饒舌爭霸戰》的口碑迅速傳開，二〇一〇年十一月第二支影片（星際大戰裡的黑武士vs.希特勒）播出五天內，觀看次數就突破一百萬次[13]。

他們兩人的YouTube頻道愈來愈紅，到了二〇一五年，《經典饒舌爭霸戰》已邁入第四季，共播出五十場辯論賽，累積觀看的次數突破了十七億次。ERB的YouTube頻道共有一千兩百二十萬名訂戶，是YouTube上熱門度排名第十六的頻道[14]。除了YouTube以外，ERB上的所有辯論內容也可以在iTunes上購買。事實上，其中十支影片還獲得美國唱片業協會的金曲認證（包括黑武士vs.希特勒、馬力歐兄弟vs.萊特兄弟、賈伯斯vs.比爾蓋茲、歐巴馬vs.羅姆尼）[15][16]。

接下來我們來看亞曼達・霍金（Amanda Hocking）的例子。她因自費出版一系列吸血鬼浪漫小說而名利雙收。霍金在明尼蘇達州的奧斯汀成長，從青少年時期就創作了很多超自然的輕小說。到了二十五歲，她除了累積十七本未出版的小說和一堆出版社的退稿信以外，幾乎一無所成。除了熱愛吸血鬼故事以外，霍金也很喜歡布偶師吉姆・亨森（Jim Henson）**和他創造的布偶（Muppet），這也成了霍金發跡的轉折點。二〇一〇年，她得知當年十一月有一場布偶粉絲會，但是當時她在殘障之家工作，年薪僅一萬八千美元，收入只夠支付日常開銷，沒有閒錢從明尼亞波利斯到芝加哥參加粉絲會。但她實在很想參加，絞盡腦汁想要籌措三百美元的旅費和住宿費，她決定上亞馬遜賣她創作的小說。她心想，六個月的時間應該可以透過亞馬遜的自費出版平台獲得三百美元。她想得沒錯，她使用自費出版平台的最初六個月就賺了兩萬美

* 比爾・歐萊利：美國著名政論主播，以犀利、砲火猛烈的訪問風格著稱。
** 吉姆・亨森：美國著名布偶師，《大青蛙劇場》（*The Muppets Show*）、《芝麻街》（*Seame Street*）的創作者。

名。

元，後續的十四個月又賺了兩百五十萬美元[17]。

琳西・特莉（Lindsey Stirling）也有類似的故事。她在網路上是以跳舞的嘻哈小提琴手出名。

嘻哈小提琴手？而且還會**跳舞**？真的嗎？她接受《華盛頓郵報》（*The Washington Post*）的訪問時表示：「我去藝人經紀公司試鏡，去找經紀人，但沒有人能了解我勾勒出來的願景。」她在另一次訪談中表示：「他們一再告訴我，那個東西沒有市場，他們不想碰。[18]」二〇〇七年，為了籌措大學學費，再加上她發現想在音樂圈嶄露頭角需要投入「數萬美元」[19]，特莉決定把自己的音樂影片放上YouTube。目前她有近七百萬名訂戶，頻道累積的觀看次數超過十億次[20]。她已出了兩張唱片，在《告示牌》二百大專輯榜（Billboard 200）*的榜單上累積了一百二十七週的上榜紀錄，兩張專輯的最高名次分別是第二十三名和第二名。二〇一五年，她完成了全球五十五個城市的巡迴演出，其中紅石露天劇場（Red Rocks）、中央公園夏日音樂祭（Central Park Summerstage）等演出場次都創下完售紀錄。

這裡的改變很顯而易見，而且效果驚人。愈來愈多的創作者跳過大型公司，直接接觸觀眾。這些創作者憑著一己之力成名，日後與大公司簽約時，享有更多的談判籌碼。許多獨立創作者因為有這些新的選項而選擇保持獨立，他們以符合個人需求的各別服務，來取代片商、唱片公司或出版商所提供的套裝服務。

例如，蕭科夫和阿奎斯特目前是和專門製作數位短片的製作者工作室（Maker Studios）合作，他們說他們選擇這家小公司、而不選擇大片商是基於創作理由。阿奎斯特表示：「他們的理念是，在這個年代，在這個YouTube市場上，個人願景應該要單純，而且是獨特的……他們提供架構、資源和支援，但幾乎不剪輯內容。[21]」

特莉也沒有和大型唱片公司簽約，而是和女神卡卡（Lady Gaga）的經紀人特洛伊・卡特（Troy Carter）簽約。卡特鼓勵她繼續在YouTube上當個獨立的創作藝人。卡特表示：「她在YouTube上獲得的關注，比上電台或電視表演還多。我們想以引導其他藝人發展的方式來引導她，維持其創作生涯的獨立性。[22]」卡特也指出，特莉打算自己找經銷商「幫忙銷售實體商品」，我們覺得那句話特別引人注目。掌控配銷的能力曾是唱片公司的一大勢力，但卡特等業界人士現在認為，那是可以獨立購買的一般商品。

* 《告示牌》二百大專輯榜：由美國音樂雜誌《告示牌》統計製作，公告全美銷量最高的前二百張音樂專輯與迷你專輯，具有權威性。

當然，不是每個創作者都選擇走獨立路線。許多獨立創作者後來選擇脫離獨立狀態，跟大型唱片公司、製片商或出版商簽約。不過，對大公司來說，問題在於這些創作者選擇擺脫獨立身分時，他們有更多的選擇，所以握有更多的談判籌碼。二〇一一年四月，霍金因此讓大出版社為她的新小說展開競標。據傳，四本新小說的英文版權就高達兩百萬美元[23]。這對一年前毫無作品出版、只有一堆退稿信的作者來說，著實是令人樂不可支的消息，而且現在競標的出版社中，有幾家就是當初回絕她的出版社。

目前為止，我們只談到這些新選項對初出茅廬的新人有什麼影響。但這些科技發展也賦予已經出道的創作者新的能力，讓他們和大公司協商時擁有更多的籌碼，也有機會完全跳過大公司，自己接觸觀眾。例如，電台司令樂團（Radiohead）與EMI公司的合約於二〇一三年到期，他們決定不再續約。樂團的主唱湯姆・約克（Thom Yorke）表示：「我喜歡唱片公司的人，但目前看來你不得不問，為什麼你還需要唱片公司。[24]」二〇〇七年，電台司令透過自己的網站Radiohead.com，獨立發行新專輯《彩虹裡》（*In Rainbows*），把內容直接發送給樂迷。他們不是以一般專輯十到十五美元的價碼販售專輯，而是讓樂迷自己決定要付多少。樂迷可以免費下載，或是支付他們覺得值得的任何價碼。電台司令從樂迷的慷慨解囊及消除中間人的效益中發現了什麼？在一場與《連線》雜誌的討論中，約克告訴大衛・拜恩（David Byrne）：「在數位收入方面，這張專輯為我們帶進的收入，比之前所有專輯加起來還多。[25]」

二〇一一年喜劇演員路易C.K.（Louis C.K.）做了一項實驗，他對藝人直接發行的威力也有類似的發現。他在一篇部落格文章中描述了那個實驗：「如果你以極低價（五美元）把全新的脫口秀內容放上網路，讓大家可以輕易購買、下載、觀賞，而且不設任何限制，這樣可以賺多少錢？[26]」答案是：影片發布後，十二天內就賺了一百萬美元。扣除影片製作費和網站架設費（二十五萬美元），藝人可以淨賺七十五萬美元。他把其中的二十五萬美元發給員工，作為「鉅額的紅利獎金」，二十八萬美元捐給幾個慈善機構，自己留下二十二萬美元[27]。此後，他又在自己的網站上發布三支脫口秀的影片。《Live at the Comedy Store》（二〇一五年一月）獲得的媒體關注不如二〇一一年發布的影片，但路易C.K.說，發布四天後，那支影片「目前為止還是賣得比其他影片好」[28]。

不過，說到真正的自銷大王，那非J. K.羅琳（J. K. Rowling）莫屬了。她和出版商達成協議，自己保有全套《哈利波特》（*Harry Potter*）的電子書版權，可以獨自推出Pottermore.com網站，獨家販售《哈利波特》的電子書。連掌控九成電子書市銷售的亞馬遜也不得不接受羅琳的條件。顧客想買《哈利波特》的電子書時，亞馬遜會把他們導向Pottermore.com並從銷售中抽取費用。這種安排讓羅琳與顧客維持直接的關係，促進書迷互動及顧客忠誠度。Pottermore.com一開站就先提供一萬八千多字未曾公開的內容，讓《哈利波特》和他的世界「繼續存在一個我開始創作這些故事時，還不存在的媒體中」[29]。這個案例裡有一點很諷刺：這些年來亞馬遜降服了各大出版商，致力改造出版業，卻不得不屈服於單一作者想要直接掌控顧客的要求。菲利普・瓊斯（Philip Jones）在《衛報》撰文評論：「這何止是現世報。」[30]。

不是所有的知名創作者都選擇走這種直接面對消費者的路線。不過，即使他們不這麼做，新的選項讓他們與大公司協商時，享有更多的籌碼，大公司的獲利因此不如以前豐厚。這對大公司來說是一大問題，第二章提過，娛樂業有賴少數幾個暢銷的創作者帶進豐厚的利潤，以資助他們冒險投資那些較不知名的創造者。

消費者

除了改變大公司與創作者之間的關係（以及那些關係的獲利）以外，科技發展也改變了大公司與顧客的關係，現在顧客有更多新的內容形式可用。

我們聽過許多業界人士貶抑那些新的自製內容，聲稱它們「較差」，說那是「自費出版」作者和「翻唱樂團」的業餘作品，品質無法跟專業人士匹敵。我們覺得那種說法顯露出業界人士對競爭本質有根本的誤解。在市場經濟中，判斷產品是否有資格上場競爭的是買家，而不是賣家。產品有多好，或是否符合既有的行規都不重要。顧客挑上某個商品，偏偏不挑你的，你就是輸了。很多證據顯示，目前的情況就是如此。尼爾森唱片市場調查公司（Nielsen Soundscan）的資料顯示，二〇〇七到二〇一四年間，獨立藝人在唱片業的產值比例從百分之二五・八提高至百分之三四・五。獨立藝人的業界產值比例已超過任一家大型唱片公司[31]。出版業也出現類似的轉移，瓦德佛格和依姆凱・雷莫斯（Imke Reimers）的資料顯示，二〇〇六到二〇一二年間，自費出版的圖書數量增加了三倍，超越傳統出版圖書的數量[32]。同樣地，亞馬遜銷售的三百五十萬本電子書中，有兩百萬本是出自亞馬遜的「Kindle直接出版」平台。

不過，最大的消費轉變發生在電影業。尤其，千禧世代似乎偏好自製內容，而非大片商推出的「專業」內容。最近，《華盛頓郵報》報導，大片商推出的內容似乎「愈來愈偏向年長者的喜好」。以下的資料擷取自最近的消息來源與調查，令人注目的是：二〇一三到二〇一四年間，電視觀眾的年齡中位數是四十四．四歲；主要電視網的觀眾年齡中位數是五十三．九歲，兩者分別比四年前多了百分之六和百分之七[33]。二〇〇二到二〇一二年間，年輕人進電影院的頻率下滑了百分之四十[34]。二〇〇二到二〇一一年，十八到四十九歲收看黃金時段電視節目的比率下降了百分之五十[35]。千禧世代中，每四人裡就有一人是取消訂閱有線電視的「剪線族」（cord cutter），每八人裡就有一人「從未訂閱有線電視」（cord never）[36]。從二〇一〇年到二〇一五年，十八到二十四歲的年輕人中，看電視的比例下降了百分之三十二（但五十到六十四歲的人中，看電視的比例僅下降百分之二）[37]。二〇一四年，十八到二十四歲的年輕人中，僅百分之二十一表示他們「沒有電視活不下去」；相較之下，整體人口中，聲稱「沒有電視活不下去」的比例是百分之五十七。[38]

年輕的觀眾到哪裡去了呢？在網路上。二〇一四年，YouTube接觸到的十八到三十四歲族群，首度超越任何有線電視網[39]。十八到二十四歲的年輕人聲稱「沒智慧型手機活不下去」的比例增至百分之五十，二〇一一年的比例才百分之二十二。[40]

商業夥伴

對大公司來說，上述發展不僅是危機，也是轉機。我們發現很多方法可以幫這些公司善用線上通路來發布內容，並與顧客建立新關係；我們也發現很多方法可以幫這些公司縮減成本及善用新科技，這些我們留待第十章和第十一章再詳細討論。不過，在很多情況下，善用這些新機會都會對現有的商業模式和合作夥伴帶來壓力，而且因應那些壓力並非易事。

這種壓力的最明顯例子，是來自新的下游配銷技術。那些讓創作者跳過業界守門人、直接接觸觀眾的科技，也可以幫老字號的業者在消費者想要消費內容時，直接把內容傳到他們手中。乍聽之下，業者通常會覺得這是好消息，但是等它們知道這些新的傳播通路也會威脅到現有通路的獲利時，它們又猶豫起來了。這時，管理者面臨棘手的決策：究竟要守著現有的商業模式（往往和他們的薪酬和紅利息息相關），還是採用新的商業模式呢？

新的商業機會也可能使大公司和上游夥伴之間的關係更加複雜。例如，把用戶自製內容整合到公司既有的商業實務中並不容易，也不像想像中那麼平順。很多情況下，線上粉絲預期他們可以參與內容製作，但是對老字號業者來說，它們難以在現有的商業架構下滿足這樣的需求。例如，二〇〇八年ABC電視台買下熱門線上節目《瘋狂媽媽經》（*In the Motherhood*）的製播權。那個節目源自於二〇〇七年一個親子教養社群基於「母有、母創、母享」的理念，所推出的一系列網路影片。《瘋狂媽媽經》的前提很簡單，誠如該節目的網站所言，任何人想要「宣洩一下全天下媽媽都懂的媽媽經」（例如孩子最糟的胡鬧經驗），都可以登入那個網站，提交一篇簡要的真實案例，然後由「線上媽媽社群」票選出最佳內容，「翻拍成網路影片」[41]。

第一季的線上影片是由Suave和Sprint這兩大品牌贊助播出，而且吸引了一些知名人士參與，包括導演彼得・勞爾（Peter Lauer，曾執導《發展受阻》（*Arrested Development*）、《左右做人難》（*Malcolm in the Middle*）、《查普爾秀》（*Chappelle's Show*）等節目），以及演員珍妮・麥卡錫（Jenny McCarthy）、雀兒喜・韓德勒（Chelsea Handler）、莉亞・蕾米妮（Leah Remini）飾演「始終很忙、但不忘幽默」的三位媽媽朋友。那些影片只在MSN網站inthemotherhood.com上播放，第一季累積的觀看次數就突破五百五十萬次[42]。該節目在MSN的線上社群也變成網路上第五大親子教養網站[43]，收到三千多人的投稿及六萬多人投票[44]。

ABC看準這個節目有走紅的潛力，於二〇〇八年九月買下《瘋狂媽媽經》的製播權[45]，一開始預訂在電視網中播出十三集。二〇〇九年三月十一日，ABC為了和線上社群維持熱絡的創作關係，邀請媽媽上ABC的網站分享她們的親身經歷[46]。這時美國編劇公會（Writers Guild of America，簡稱WGA）出面阻止了，他們抱怨ABC這個舉動等於是要求觀眾免費提供素材，但ABC與編劇工會的合約規定：為該電視網創作的所有編劇，都應該像WGA會員一樣獲得補償。「合約中不允許這種徵求投稿的方式。」WGA的發言人尼爾・薩克勞（Neal Sacharow）表示：「我們的目的不是為了打壓實驗，但創作者需要獲得報酬。」他的意思是說，電視台需要為每份提交的稿件，至少支付WGA要求的最低酬勞七千美元。

兩週後，ABC電視網從網站上取消徵稿活動，改由內部的編劇人員寫稿，但內部編劇人員的創意不像媽媽們的親身經歷那麼精采。後來，那部影集的首播只吸引到一點點觀眾，第一季播到一半，ABC就決定取消節目了。

配銷商

我們覺得，光是新內容的數量，就足以改變內容供應商和線上配銷商之間的關係。進入二十一世紀以來，新科技促使創作者自製內容，我們因此看到內容大量激增。例如，新書的數量從二〇〇〇年的十萬兩千種[47]，變成二〇一〇年的三百一十萬種[48]。同一期間，新專輯的數量增加了四倍，現在**每分鐘**上傳至YouTube的影片有三百個小時[50]。但消費者如何從這些內容中篩選並發掘喜歡的內容呢？

過去，消費者看到任何內容以前，是由大公司負責篩選及發掘的工作，他們決定消費者可能喜歡什麼，但這種由上而下的模式正在改變。如今，愈來愈多的發掘是發生在下游，透過彙集大量內容的配銷平台，了解消費者的偏好，然後直接向消費者推薦特定的素材。唱片公司、片商、出版商以現有的商業模式，難以把握那樣的機會。它們把這種商機拱手讓給了一批新興的線上配銷商，其中包括亞馬遜、網飛、YouTube、iTunes。為什麼這是一大威脅呢？我們將在下一章探討。

8

宅宅的逆襲

「那些宅男的存在，有礙我們的生存之道。」

——史丹・蓋伯（Stan Gable），《菜鳥大反攻》（*Revenge of the Nerds*）

二〇〇七年八月三十一日，蘋果宣布NBC環球公司（NBC Universal）不願繼續在iTunes上銷售電視劇。雙方爭議所涉及的具體條款並未公開，但多數的報導提到蘋果不願接受NBC提出的三項要求：增加iTunes上的定價靈活度[1]；加強反盜版措施，使顧客更難把盜版內容載入iPod[2]；從iPod的銷售中分享部分的蘋果營收[3]。不過，這些要求底下還蘊藏著一個更深層的問題。iTunes的電影和電視劇販售正迅速擴大其市場勢力，令影視業者擔憂。同年秋季，NBC環球公司的執行長傑夫・佐克（Jeff Zucker）對雪城大學傳播學院的學生演講時表示：「蘋果已從定價方面擊潰音樂產業，我們再不掌握控制權的話，他們也會對影視產業做出同樣的事情。[4]」

NBC之所以拒絕和蘋果續約有三個原因。第一，NBC認為它在爭議中占上風。它是蘋果iTunes商店中最大的影片供應商，據報導，NBC約占iTunes影片銷量的百分之四十。[5]

第二，時機正好。蘋果即將在二〇〇七年九月五日的媒體活動上，發布內建影片播放功能的第一代iPod Touch[6]。如果消費者知道他們在iTunes平台上找不到NBC的電視節目，蘋果將更難推廣那個新裝置。佛瑞斯特研究公司（Forrester Research）的詹姆士・麥奎維（James McQuivey）針對當時的情況做出評論：「為了凸顯出那個影片播放裝置的價值，蘋果只能看

NBC和其他內容創作者的臉色。[7]」

第三，NBC的顧客在線上觀看NBC的節目時，不再依賴iTunes。沒有iTunes時，他們仍然可以從各種零售商購得盒裝的NBC節目；從NBC.com和Hulu.com上串流觀賞；而且從九月四日開始，他們也可以從「Amazon Unbox」購買NBC節目的數位下載權。此外，不久之後，顧客還有另一種選擇。十一月，NBC會推出自己的平台NBC Direct，目的是複製iTunes提供的一些服務。NBC Direct將允許消費者免費下載特定的電視節目（有嵌入廣告），而且可在相容的Windows電腦上觀看，不久（二〇〇八年初）麥金塔電腦上也可以觀賞。二〇〇八年中，NBC Direct甚至打算讓消費者付費下載無嵌入廣告的節目，就像iTunes一樣[8]。

從NBC的角度來看，這個賭注似乎很安全。NBC覺得，顧客無法從iTunes上取得NBC節目時，自然會到其他合法的數位平台上找那些節目，所以蘋果若想確保iTunes電影商店及iPod產品線的健全發展，應該很快就會屈服了。此外，之前已經有影視業者以移除影片來教訓零售業者的先例。一年前，迪士尼公司以類似的策略，教訓它最大的DVD零售商塔吉特連鎖超市（Target）[9]。塔吉特對於迪士尼決定透過iTunes販售電影感到不滿[10]，因此宣布不再販售迪士尼發行的許多影片，還把大量DVD庫存退還給迪士尼，並把迪士尼的宣傳展示從超市裡撤除。但此舉不幸造成引火自焚的效果，十一月底，迪士尼揚言不供應塔吉特很想販售的一部年節大片《神鬼奇航2：加勒比海盜》（*Pirates of the Caribbean: Dead Man's Chest*）[11]，塔吉特只好屈服了。

如果迪士尼可以用一部電影的DVD供貨來要脅塔吉特就範，NBC當然也覺得它能以拒絕供應百分之四十的iTunes影片來要脅蘋果就範。但蘋果也有同樣的自信，覺得這次攤牌它贏定了。《今日美國》（*USA Today*）問賈伯斯，NBC從iTunes撤離對蘋果和iTunes有何影響，賈伯斯不屑地回應：「整體來說，毫無影響。」

誰是對的呢？究竟是蘋果比較需要NBC？還是NBC比較需要蘋果？NBC的顧客無法從iTunes買到節目內容時，他們會去哪裡？我們在NBC從iTunes移除所有的內容後，馬上探索了那個問題。我們發現的結果，可能讓那些以為影視公司仍對線上零售商握有強大主導力的業界高管大吃一驚。NBC以為它們握有主導權，但我們發現它們其實沒有那樣的主導力。那些從iTunes看NBC節目的顧客並未轉往Hulu、亞馬遜或其他的合法通路，而是成群改看盜版，而且從此再也不回頭了。我們為NBC的節目以及對照組的節目（ABC、CBS、福斯電視網的節目），蒐集及研究了BitTorrent上的盜版下載及DVD銷售的變化。首先，我們看二〇〇七年十二月一日NBC撤離iTunes後的盜版變化，結果如下圖8.1的摘要所示：十二月一日以前，NBC內容的盜版型態跟對照組差不多，但NBC節目一撤離iTunes後，NBC盜版內容暴增。相對於對照組的盜版情況，NBC的盜版內容增加了百分之十一·四。[12]

盜版的百分比變化已經很驚人了，但是單位數的變化更加驚人。我們發現，十二月一日以後，BitTorrent上NBC節目的每週下載增量，是十二月一日以

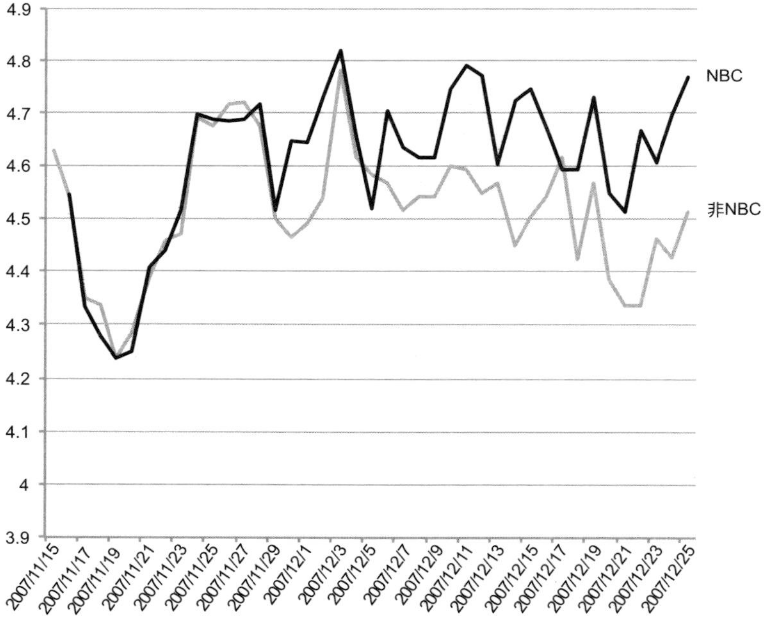

圖8.1：二〇〇七年十二月一日左右，NBC與非NBC節目的盜版情況

註：縱軸為對數尺度（log scale）。

前iTunes上NBC每週銷售**總數量**的兩倍。為什麼？我們在學術期刊《行銷科學》（*Marketing Science*）上發表了一篇論文[13]，討論了這個現象。最明顯的原因是，一旦以前的iTunes顧客學會使用BitTorrent後，他們不會只下載以前上iTunes購買的幾集節目，而是卯起來下載整季節目，反正都是免費的。

NBC想以節目下架的方式逼蘋果回談判桌，沒想到卻導致許多以前的顧客改看盜版內容，這對NBC來說相當不利。而且，壞消息還不僅於此。不只以前的iTunes顧客紛紛改看盜版，那轉變也讓其他的盜版消費者更容易從BitTorrent上取得NBC的節目內容。

為什麼對盜版內容的需求增加，會促使盜版的供給增加？為了回答這個問題，那必須先從BitTorrent的協議說起。一大群人（所謂的「群組」）一起上傳及下載同樣的內容時，BitTorrent的運作最有效率。這個特質說明了，為什麼十二月一日以前，BitTorrent上原本沒有NBC的許多舊節目。當大家可以從iTunes購買內容時，就沒必要從BitTorrent下載了，所以NBC一些較不熱門的節目沒有足夠的盜版需求可以支持BitTorrent群組。但十二月一日以後，我們看到BitTorrent上出現NBC一百四十七集舊節目的群組，包括整季的《救命下課鈴》（*Saved by the Bell*）和《齊娜武士公主》（*Xena: Warrior Princess*）[14]。

這說明了NBC撤離iTunes後的盜版變化。但正版消費的變化呢？情況更慘。我們觀察銷售資料時，發現NBC節目的盒裝DVD銷售並未增加。而且，NBC.com、Hulu.com、亞馬遜Unbox的串流和下載增幅，只占以前iTunes消費的一小部分。總之，消費者無法從iTunes購買內容時，多數消費者乾脆改看盜版，而不是轉往其他的合法通路消費。

這顯然為NBC和蘋果的協商製造了問題。不僅如此，NBC決定撤離iTunes也為競爭對手製造了麻煩。我們的資料顯示，十二月一日以後，ABC、CBS、福斯的盜版內容都馬上增加了百分之五・八。至於當初NBC若不撤離iTunes，非NBC節目的盜版會有怎樣的改變，我們無法取得適切的「反事實」估計。不過，NBC競爭對手的盜版之所以增加，最有可能的原因是：一旦以前的iTunes消費者學會怎麼透過BitTorrent看盜版的NBC節目後，許多人也開始用BitTorrent看ABC、CBS、福斯的內容。這番推論也呼應了一位電視網高管的說法，他是在NBC的競爭對手服務。他告訴我們，自從NBC終止iTunes上的銷售後，他的公司在iTunes上的銷售也異常下滑了。

總之，資料顯示，NBC從iTunes撤離的決定，對NBC的傷害遠遠超過對蘋果的傷害。NBC的顧客大量轉向盜版，所以懲罰iTunes並未促使以前的iTunes顧客轉向其他的合法通路。這兩項事實說明了，為什麼二〇〇八年秋季一開始NBC選擇重回iTunes，並接受不到一年前他們才剛拒絕的條款[15]。當然，回歸iTunes的決定也帶出了另一個問題：當顧客可以再度使用iTunes購買內容時，NBC盜版的情況有什麼變化？

資料顯示，二〇〇八年九月八日NBC回到iTunes時，盜版僅減少百分之七．七——無論是絕對值或相對值，降幅都遠比二〇〇七年十二月的增幅小。顯然，NBC撤離iTunes的策略造成了反效果。不僅導致以前的iTunes顧客大量改看盜版，等那些顧客學會使用BitTorrent後，也很難再吸引他們回去iTunes購買正版了。

但這是為什麼呢？為什麼以前片商用來教訓實體零售店（例如塔吉特）的方法，現在用在蘋果身上卻無效呢？為什麼權力已經從片商、唱片公司、出版商的手中轉到零售商的手中呢？

我們在研究的過程中發現，網路對娛樂業的威脅，不僅包括長尾流程、盜版、創作者的勢力提升而已。網路也促使零售平台興起，而且權力往往集中在少數幾個主要的平台上。

當然，一方面，這些新的零售商也對娛樂業有幫助，例如亞馬遜銷售很多書籍，也推出電子書事業。許多觀察家也主張，iTunes挽救了唱片業，網飛開創了電視製作的新黃金時代。但亞馬遜、iTunes、網飛在各別市場裡的主導地位，也意味著片商、唱片公司、出版商無法再採取一種傳統策略：談判時，刻意讓零售商相互較勁，以便坐收利得。事實上，現在的局勢已經完全顛倒過來了。

以出版商和亞馬遜談判的經驗為例，尤其是小型出版商。一開始，小型出版商是亞馬遜服務的一大受惠者，因為亞馬遜提供其出版品難得的曝光度，那是他們無法從大型連鎖書店獲得的。但這種依賴也有代價，小型出版商開始依賴亞馬遜的服務，到了二〇〇四年，亞馬遜已經準備好充分利用那股勢力了。布萊德．史東（Brad Stone）在《貝佐斯傳》（*The Everything Store*）裡提到，亞馬遜內部把它們和小出版商的談判立場稱為「瞪羚計畫」（Gazelle Project）。這個名稱的由來，是因為傑夫．貝佐斯（Jeff Bezos）建議亞馬遜「以獵豹追逐孱弱瞪羚的方式，來接觸那些小出版商」[16]。儘管亞馬遜的律師後來把那個名稱改為較不挑釁的「小出版商談判計畫」，但概念還是一樣：都是為了壓榨那些別無選擇的出版商。亞馬遜壓榨那些出版商的一種方法，是要求出版商支付合作廣告費。在實體書店裡，出版商和其他的娛樂公司經常支付「合作費」給零售商，以交換零售店裡的特殊展示空間及其他宣傳活動。亞馬遜在索取「合作費」方面又更進一步，它要求出版商拿出總銷售額的百分之二到百分之五，來交換書籍出現在亞馬遜搜尋結果中的權利[17]。

那對小出版商來說實在要求太多了。梅爾維爾出版社（Melville House）的業主丹尼斯・強森（Dennis Johnson）決定挺身反抗惡霸。二〇一四年，他在《紐約客》（*The New Yorker*）的一篇文章中表示：「『去你媽的！』是我的態度，他們是在虛張聲勢，我才不會上當。[18]」

不幸的是，亞馬遜可不是在虛張聲勢。二〇〇四年四月一日，就在強森對《出版者週刊》（*Publishers Weekly*）透露其立場並公開批評亞馬遜「霸凌」手法的隔天，亞馬遜把梅爾維爾書籍網頁上的「購買」按鈕移除。在利潤微薄又無法從其他零售通路回收亞馬遜上的損失之下，梅爾維爾出版社同意支付合作費，於是「購買」按鈕又出現了[19]。「這難道不是勒索嗎？」強森後來接受《紐約時報》的訪問時這麼說：「今天要是換成黑手黨做這種事，就是違法的。」

梅爾維爾出版社不是唯一陷入這種處境的出版商。據報導，亞馬遜向每家出版社都索取合作費，不分規模大小，而且要求的金額似乎愈來愈高。二〇〇四年是要求銷售額的百分之二到百分之五[20]，二〇一四年是要求銷售額的百分之五到百分之七，而且對小出版社的要求高達百分之十四[21]。《書商雜誌》（*The Book Seller*）的編輯菲利普・瓊斯（Philip Jones）一語道盡了亞馬遜在圖書產業裡的雙面刃角色，他接受BBC的採訪時表示：「對出版商來說，最糟的情況可能是亞馬遜消失；次糟的情況是，亞馬遜在業界的壟斷勢力更加強大。[22]」

當然，壟斷市場的線上零售商令業者憂喜參半，不是出版業獨有的現象。在音樂產業中，大家普遍認為iTunes解救唱片業脫離Napster的威脅，也避免唱片業依賴CD銷售。美國唱片業協會的會長凱瑞・謝爾曼（Cary Sherman）表示：「iTunes軟體和其他平台的推出，使大家又能夠輕易為音樂付費，也接受為音樂付費的概念。[23]」但是在此同時，蘋果的權力使它能夠片面決定條件，甚至對強大的唱片公司也是如此。在《自毀慾望》（*Appetite for Self-Destruction: The Spectacular Crash of the Record Industry*）一書中，史特夫・克諾佩（Steve Knopper）描述EMI公司發現蘋果以一一・八八美元銷售酷玩樂團（Coldplay）的專輯《玩過頭》（*A Rush Of Blood To The Head*），而不是以一二・九九美元銷售（雙方同意的價格）時發生的狀況。EMI打電話到蘋果抱怨，蘋果公司的代表聽完抱怨後，並未提議改價，而是說：「好吧，所以你要我們把專輯下架嗎？」

娛樂業也必須考慮亞馬遜、網飛等服務如今扮演的重要角色，它們除了為內容創造寶貴的曝光度以外，也掌握了「誰買那些內容」的市場資訊。例如，二〇〇九年NBC環球電視台的總裁安琪拉．布羅斯塔德（Angela Bromstad）提到，iTunes在NBC新劇《辦公室瘋雲》（*The Office*）的成功上，扮演了重要的角色。她指出，iTunes的資料提供NBC「另一種了解節目真正潛力的方式，而不是只看尼爾森媒體研究（Nielsen Media Research）資料」。她補充提到，要是沒有iTunes的資料，「我不確定那部劇是否還能繼續播出」[24]。同樣地，AMC公司的總裁兼執行長喬許．薩班（Josh Sapan）也聲稱，讓觀眾上網飛看《絕命毒師》（*Breaking Bad*）的前四季，使該劇第五季的收視率增加了兩倍[25]。

為了解這個問題的廣度，我們來看下頁表8.1的統計數字。根據現有的資料，如今在美國分別稱霸圖書、音樂、電影市場銷售的線上零售商，比實體市場中前兩大零售商**合起來**的市占率還大。

線上配銷商比實體配銷商的勢力還要強大，不僅是一種本土現象，也是一種全球現象。在實體世界裡，業者在一國稱霸的地位很少延伸到全世界，例如沃爾瑪（Walmart）是美國最大的實體零售商，但是在其他國家沒有那麼大的市場勢力。相反地，稱霸美國市場的數位配銷商，在世界各地也保有主導地位。

以前網路銷售只占總銷售的一小部分，這種網路力量帶進來的獲利微不足道。然而，電影、圖書、音樂的線上銷售超越實體銷售的時間點，分別是落在二〇〇八年[26]、二〇一二年[27]、二〇一四年[28]。從此以後，強大的線上零售商就成了娛樂業者的心頭大患。

有一件很有趣的事情發生了。我們在第二章提過，幾十年來，大型出版商、唱片公司、片商依賴進入障礙和規模經濟來維持它們對產業的掌控力。但現在權力平衡已經轉移了，換成大型的線上零售商玩同樣的遊戲，而且變成市場贏家。

表8.1：圖書、音樂、電影的實體市場市占率vs.網路市占率

	市占率	
	實體市場	**網路市場**
圖書	2013年印刷書[a]：邦諾書店（Barnes & Noble）和博德斯書店（Borders）合起來占22%-23%	2013年印刷書[b]：亞馬遜64% 2014年-2015年電子書[c]：亞馬遜64%-67%
音樂	2000年CD銷售[d]：百思買（Best Buy）18%；沃爾瑪16%	2015年數位下載[e]：iTunes 80%-85% 音樂串流（美國）：Spotify 86%
電影	2005-2006年DVD銷售： 沃爾瑪30%-40%[f] 塔吉特15%[g]	2012年所有影片的線上串流[h]：YouTube 63% 2010年所有電影的線上串流和下載[i]：網飛61% 2005年DVD銷售[j]：亞馬遜90% 2012年數位電影下載[k]：iTunes 65%（電影），67%（電視） 2012年數位電影出租[l]：iTunes 45%

註：

a. 參見 *The Book Publishing Industry*, third edition, ed. A. Greco、J. Milliot、R. Wharton (Routledge, 2013), p. 221；也參見 http://www.publishersweekly.com/pw/by-topic/industry-news/bea/article/62520-bea-2014-can-anyone-compete-with-amazon.html。

b. 參見 http://www.publishersweekly.com/pw/by-topic/industry-news/bea/article/62520-bea-2014-can-anyone-compete-with-amazon.html。該報告也指出，網路銷售占所有印刷書銷售的百分之四十一。另一篇文章（http://www .forbes.com/sites/jeffbercovici/2014/02/10/amazon-vs-book-publishers-by-the -numbers/）指出電子書占所有圖書銷售的百分之三十。

c. 參見 http://www.wsj.com/articles/e-book-sales-weaken-amid-higher-prices-1441307826。其他報告指出，亞馬遜的電子書市占率是介於百分之六十五（http://www.forbes.com/sites/jeffbercovici/2014/02/10/amazon-vs-book-publishers-by-the-numbers/）到百分之六十七（http://www.publishersweekly.com/pw/by-topic/industry-news/bea/article/62520-bea-2014-can-anyone-compete-with-amazon.html；http://www.thewire.com/business/2014/05/amazon-has-basically-no-competition-among-online-booksellers/371917/）之間。

d. Ed Christman, "Best Buy Acquires Musicland Chain," *Billboard*, December 2000, pp. 1 and 82。

e. http://www.wsj.com/articles/apple-to-announce-new-music-services-1433183201。

f. 二〇〇五年，Edward Jay Epstein 指出沃爾瑪的DVD銷售市占率是百分之三十（http://www.slate.com/articles/arts/the_hollywood_economist/2005/12/ hollywoods_new_year.html）；NPD Group 指出沃爾瑪的市占率是百分之三十七（http://variety.com/ 2005/biz/features/store-wars-1117932851/）。二〇〇六年，《紐約郵報》指出沃爾瑪的DVD銷售市占率是百分之四十（T. Arango, "Retaliation: Wal-Mart Warns Studios over DVD Downloads," September 22）。

g. 二〇〇六年，《華爾街日報》報導塔吉特超市的實體店面DVD銷售市占率是百分之十五（S. McBride and M. Marr, "Target, a Big DVD Seller, Warns Studios OVER Download Pricing," October 9, http://www.wsj.com/articles/SB116035902475586468）。

h. 尼爾森指出，二〇一二年五月，影片串流共有二六二億次，其中 YouTube 占了一六五億次。（http://www.nielsen.com/us/en/insights/news/2012/may-2012-top-u-s-online-video-sites.html）。

i. 《好萊塢報導》（*The Hollywood Reporter*）引用NPD集團取得的結果指出，網飛在所有的電影下載或網路串流中占了百分之六十一；康卡斯特（Comcast）位居第二，占百分之八；iTunes 只占百分之四。

j. J. Netherby, Amazon.com Dominates in Online DVD sales, Reed Business Information, Gale Group, Farmington Hills, Michigan。

k. https://www.npd.com/wps/portal/npd/us/news/press-releases/the-npd-group-apple-itunes-dominates-internet-video-market/。

l. https://www.npd.com/wps/portal/npd/us/news/press-releases/the-npd-group -apple-itunes-dominates-internet-video-market/, https://www.npd.com/wps/portal/ npd/us/news/press-releases/the-npd-group-as-digital-video-gets-increasing-attention-dvd-and-blu-ray-earn-the-lions-share-of-revenue/。

線上零售商是使用哪些進入障礙及規模經濟？那對娛樂業既有的權力結構是否構成長期的威脅？為了思考這些問題，本章剩下的部分將探討線上競爭的四大面向所帶來的進入障礙和規模經濟：消費者的搜尋成本和切換成本、平台套牢效應、資訊套裝販售（information bundling）、線上平台發展。

消費者的搜尋成本和切換成本

一九九八年羅伯・庫特納（Robert Kuttner）形容網路是「近乎完美的市場」。但不到一年後，德劭避險基金（D. E. SHAW）的負責人大衛・蕭（David Shaw）就對網路提出截然不同的評論（貝佐斯創立亞馬遜以前，就是在德劭避險基金任職）。他告訴《紐約時報》：「雖然網路的進入障礙極低，你只要把東西拿出來賣就行了，但是如果你真的想賣很多東西的話，進入門檻其實很高，而且是持續增高。[29]」

蕭的說法呼應了學術界對這個議題的共識。二〇〇〇年，我們與布林優夫森及喬・貝利（Joe Bailey）合撰了一本書的某個章節，並在文中探討了這點。我們檢閱文獻時發現，學者認為多數的消費市場都不是近乎完美的市場，主要原因有兩個[30]。第一和消費者上網搜尋的時間成本及認知成本有關。儘管上網尋找資訊通常很容易，但資訊太多可能令消費者無所適從，而且消費者大多懶得篩選。整體來說，他們不喜歡比價，或是花太多心思比較競爭選項，或是花時間去了解如何使用不熟悉的網站[31]。事實上，消費者願意為了方便性，而多付幾塊錢給幫他們迴避前述風險的零售商[32]。

第二個原因和不確定性有關。在實體世界裡，你不必擔心書店的品質，你付錢給店員就可以把書帶走了。但是在網路上，可靠性很重要。不知名的零售商會準時把書寄給你嗎？它收了錢會寄貨嗎？它願意接受退貨嗎？它會把你的個資賣給廣告商，或是寄垃圾郵件給你嗎？你很難確定，這就是重點所在。網路零售商的有些面向比實體零售商更加重要，也更難評估。當零售商的品質難以評估時，消費者通常只和自己熟悉的零售商往來，或是挑選較多人使用的熱門網路零售商。

個人化的推薦也為消費者帶來切換成本。一個網站愈了解消費者的偏好時，它就能根據個人品味，更精確地推薦商品。那對新進業者來說也形成一種重要的進入障礙，因為新進業者沒有顧客的資料可以複製那種個人化推薦。

總之，對網路市場的新進業者來說，消費者的搜尋成本和切換成本形成了難以逾越的進入障礙。而且，掌握消費者的注意力和信任的進入障礙也持續上升。

平台套牢效應

第二個障礙和第一個有關，而且在內容數位化以後，變得特別重要：消費者覺得把所有的數位內容集中放在一個平台上很重要。誰想花心思去學習不同平台的用法，記住哪些內容放在哪個平台上，或是追蹤不同服務提供的不同權限[33]？

除了前述的搜尋和切換成本以外，科技本身也可能在數位內容和數位平台之間創造綁定的效果，形成新的進入障礙。數位版權管理程式往往限制購買的數位內容只能在特定的配銷商系統內使用。法院和法律學者都指出，這種做法大幅提升了業者壟斷市場的疑慮。因為消費者一旦在iTunes買了很多電影，或是買了很多Kindle電子書，新進業者（例如蘋果的iBookstore、邦諾書店的Nook、Amazon Instant Video或Google Play）就很難在市場上站穩根基[34]。

資訊套裝販售

相較於實體商品，數位化使生產者更容易以套裝的方式販售娛樂商品，獲利也更多。這種套裝販售資訊的方式，也創造了明顯的規模經濟。在極端的狀況下，那可能為最大的公司創造出「贏者通吃」的結果[35]。

套裝販售背後的經濟原理，類似第三章描述的差別定價策略。產品各別販售，而且不同的消費者覺得產品有截然不同的價值時〔例如《第凡內早餐》（*Breakfast at Tiffany's*）、《驚聲尖叫》（*Scream*）、《金法尤物》（*Legally Blonde*）、《籃球夢》（*Hoop Dreams*）〕，經濟理論建議生產者應該採用差別定價策略，以追求獲利的最大化。但是商品單獨販售時，差別定價若要發揮效用，賣家需要精確地預測：每個消費者覺得每種產品各有多少價值，然後根據那個價值對各別的消費者定價。

套裝銷售商品讓賣家可以很有效率地做到這點。套裝商品內包含的商品愈多（例如網飛上有上萬部電影），賣家愈能夠精確地預測套裝商品對消費者的平均價值。每個人對同一部電影認定的價值不同，但是把很多電影包裝成一套時，個人價值的差異也相互抵銷了。如果賣家可以精確地預測消費者願意為一套商品支付的平均價值，它只要訂一個稍低於那個價值的價格，就可以從消費者提取所有的價值。

從消費者的角度來看，邏輯更簡單。賣家在一個套裝服務中提供的商品愈多時，它帶給消費者的便利性愈高，消費者更願意付費取得那個服務，也更不容易被競爭對手搶走。

不過，這也表示，兩個套裝服務的供應者爭搶同一組顧客時，套裝服務愈大的業者，更能精確地預測各別消費者對套裝服務的評價，因此獲利也比套裝服務較小的業者好。同樣的優勢也延伸到上游的競爭。揚尼斯・巴克斯（Yannis Bakos）和布林優夫森的研究顯示，在爭搶內容授權時，「套裝服務較大的業者，可以在競標中贏過套裝服務較小的業者」，因為套裝服務大的業者知道，它們可以「從任何商品中提取更多的價值」[36]。

平台開發

擴大實體商店的業務以服務更多的顧客，通常需要承租更多的實體空間，進更多的商品，雇用更多的員工——這是很昂貴的提案。相反的，線上商店一旦架好前端和後端的系統後，比較容易擴大系統以服務更多的顧客。這裡主要的進入障礙，是一開始就投資設立可靠又有效率的系統。

NBC推出NBC Direct平台時，才發現前端和後端系統的開發成本和複雜性。那個平台一直無法完全脫離測試階段，而且幾乎所有的觀眾都覺得那個系統很難用。《連線》雜誌指出，使用NBC Direct的經驗令人「失望透頂」，Arstechnica.com*甚至質疑：「NBC該不會是故意把NBC Direct設計得很難用，好讓用戶直接改用Hulu或BitTorrent吧？[37]」

推出技術平台時遇到困難的公司，不是只有NBC。娛樂業的業者在架設平台方面，大多有許多失敗的經驗。還記得當初唱片業為了因應iTunes而推出的Pressplay和Musicnet嗎？

* Arstechnica.com：科技新聞網站，內容涵蓋軟硬體、科學、科技政策等相關新聞與評論。

最近則有HBO幫HBO Go串流平台開發後端服務的例子。《財星》雜誌（*Fortune*）報導，HBO每年花一億美元以上，投資一個位於西雅圖的五十五人開發團隊[38]，結果只開發出一套問題重重的系統。二〇一四年三月播放《無間警探》（*True Detective*）的季末大結局時，系統整個當機；同年四月首播《權力遊戲》（*Game of Thrones*）時又再次當機。二〇一四年十二月，HBO終於放棄內部開發，把後端輸出系統外包給美國職棒大聯盟先進媒體公司（Major League Baseball Advanced Media）開發[39]。

把內容輸出的重要部分外包給另一家娛樂公司，看似很大的策略風險。但是在HBO這個例子中卻不然，為什麼呢？因為HBO和美國職棒大聯盟（Major League Baseball，簡稱大聯盟）是在截然不同的市場上競爭。但是萬一情況不是這樣呢？萬一下游的技術夥伴哪天突然決定自己製作內容，跟娛樂公司直接競爭，那怎麼辦？這種情況在娛樂業愈來愈常見了，我們將在下一章探討影響。

9 魔球

「人都是憑著信念與偏見運作的，你用資料完全取代信念與偏見時，就掌握了明顯的優勢。」

——馬林魚隊（Miami Marlins）的球隊老闆約翰・亨利（John Henry），引自麥可・路易士（Michael Lewis）的《魔球》（*Moneyball*）

「我們掌握一切的觀影資料。」

——網飛的內容長泰德・薩蘭多斯

一九九〇年代末期，棒球的球探開始注意到美國職棒小聯盟（Minor League Baseball，簡稱小聯盟）的投手查德・布瑞佛（Chad Bradford）。布瑞佛是來自密西西比農村的古怪右撇子，在小聯盟裡的成績頗為亮眼，但他也是個異類，是所謂的「潛水艇投手」（亦即下勾投手），快速球的平均時速僅八十一至八十四哩（一三〇至一三五公里）。以大聯盟的標準來看，那球速實在太慢了；以**任何**標準來看，布瑞佛的投球方式都很怪。以下是路易士在二〇〇三年出版的《魔球》中，描述布瑞佛上場投球時的情況：

> 他腰部如折疊刀般一彎，像吉魯巴的舞者突然朝舞伴傾身似的，投球的手臂快速地朝本壘板與地面揮去。在離地不到一吋、內野草地與投手丘土地的交接處，球從他的指尖旋出。看慢動作重播時，他的動作不太像投球，反而比較像在餵鴿子或擲骰子[1]。

球探始終無法信賴這種投球方式，他們都認同布瑞佛在小聯盟裡表現亮眼，但他們**就是知道**他要是轉戰大聯盟，肯定會死得很難看。

問題是，如果你比較布瑞佛和那些轉戰大聯盟的投手數據，你會覺得他應該受到肯定，獲得轉戰大聯盟的機會。他很少投出四壞球保送打者，幾乎每局都會三振一名打者。他的異常投球方式使他的球投出以後，比一般的上肩投法更接近本壘板，所以他的球抵達打者的速度跟上肩投法一樣快，而且那種投法也使打者不知道該如何反應，因為他們直覺知道那顆球移動得沒那麼快。此外，布瑞佛投出的球還會先飄起，並在抵達本壘時下墜，所以他被擊中的球幾乎都是滾地球，而不是高飛球。因此，他幾乎沒有被轟過全壘打，連二壘安打或三壘安打都很少見。

如果你讀過《魔球》或看過改編的電影，你知道接下來發生什麼事了。一位也是異類的球探對布瑞佛很感興趣，他不在乎布瑞佛的投球動作，只在乎他的投球績效。他說服芝加哥白襪隊（Chicago White Sox）給他一次機會。一九九八年，白襪隊徵召他加入他們的農場系統*。一開始布瑞佛的發展並不順遂，投球教練直截了當地告訴他，說他被歸為「留校察看」。但布瑞佛乖乖地為白襪隊位於加拿大卡加利（Calgary）的3A球隊投球。他的表現亮眼，完全宰制了對手，使白襪隊覺得非把他調到大聯盟打球不可。他進入大聯盟後，依舊表現亮眼。擔任救援投手時，面對的前七位打者都出局了。那個球季中，他還締造了連續十二次出賽無失分的紀錄，而且在那個全壘打滿天飛的球季，沒有一支全壘打是從布瑞佛的手中轟出去的。那一季他的防禦率是三・二三**。

接著發生的，是類似童話故事的結尾——遭到忽視的投手終於獲得他應得的大合約——對吧？

錯！路易士寫道：「白襪隊不信任布瑞佛的成功，球團不信任他的統計數據。由於球團不願相信那些數據，他們又回頭採用比較主觀的評估方式——布瑞佛看起來不像大聯盟的球員，舉止也不像，成功似乎只是一時僥倖。[2]」所以，儘管布瑞佛當年的表現亮眼，球隊還是把他送回去打3A球隊，他就在那裡一直打到二〇〇〇年賽季結束，才被奧克蘭運動家隊（Oakland Athletics）的總經理比利・比恩（Billy Beane）以年薪二十三萬七千美元的低價挖角過來。

比恩有一個計畫。當年的奧克蘭運動家隊可說是最窮的球隊之一，迫於財務侷限，再加上信念所趨，比恩決定以那些身價被低估的球員組成球隊。為此，他決定不用傳統的主觀衡量指

* 農場系統：大聯盟球隊旗下的小聯盟球隊別稱，為年輕球員、傷員或暫時下放的大聯盟球員提供培訓、養傷和比賽機會等功能。

** 防禦率：計算公式為自責分÷投球局數×9（局），也就是投手平均投一場九局的比賽會丟失多少分，因此數字愈低代表防禦率愈好。

標（路易士稱之為「老棒球人的集體智慧」[3]），比恩認為那是導致大聯盟棒球中充滿誤判及管理不善的原因。他在一群資料高手的協助下，開始設計及採用中性的分析指標來判斷價值。他根據那些指標，以低價簽下優秀的球員。路易士描述比恩的理念：「分析棒球統計數字，可以讓你識破棒壇中許多的胡說八道。[4]」比恩認為，沒有人想通這點似乎很怪。例如，傳統的業界人士非常重視投手被擊中的安打數，但那樣合理嗎？投手被擊中的安打數，不是也受到外野手的績效所影響，而不是只跟投手有關嗎？如果一個游擊手改變他的位置以面向打者，使滾地球跑到外野，**那**難道不是讓打者安打的原因，跟投手的投球無關嗎？為什麼要因為游擊手稍微移往左邊或右邊，而對同樣的投球給予投手不同的評價？

比恩老早就覺得應該更換思維方式了。為此，他去找了業餘的統計學家兼棒球球迷沃若斯・麥克拉肯（Voros McCracken），他剛設計出「與守備無關的投手數據」（Defense Independent Pitching Statistic，簡稱DIPS），他認為相較於打者面對投手的安打率，DIPS更能精確反映出投手的能力。布瑞佛的統計數據納入守備影響時已經很好了，但以DIPS分析後更是驚人，那也是比恩決定把布瑞佛簽進球隊的原因之一。

比恩和那群資料運算高手不僅把這種分析思維套用在投球上，也套用在球賽的其他面向。

他們利用這種方式，找來一群其他球隊不想要的球員。有陣子，沒有人注意到他們在做什麼，直到二〇〇二年的賽季，奧克蘭運動家隊打進季後賽時，大家才議論紛紛，對於這支薪資倒數第二的球隊為什麼會有這番成果感到好奇。此外，大家也不解，為什麼之前的三年間，他們平均每次贏球的成本僅五十萬美元，那些花大錢的球隊反而打不進季後賽，而且每次贏球的成本是運動家隊的六倍以上？

當然，答案在於比恩和他的團隊善用了資料的威力。他們發現衡量球員價值的更好方法，從分析中排除了傳統的「直覺」偏見。當時，經營大聯盟球隊的人大多是老球手，他們一輩子投身棒球，不願相信那些搞電腦的人比他們還懂棒球。比恩和他的團隊把棒球帶進了資料導向的時代。

以上實例讓我們以迂迴的方式帶到了網飛這個例子。網飛是另一個位於加州的組織，近年來也運用資料的威力，發掘出市場中的潛藏價值，進而顛覆產業。

本書一開始，我們提到二〇一一年網飛如何運用資料的力量，取得一部傳統電視網認為走紅機率不高的影集授權：《紙牌屋》。網飛決定跳過製作前導劇的步驟，直接投入一億美元製作兩季的節目，當時多數的業界人士認為那樣做太瘋狂了。但網飛的資料運算者已分析過三千三百萬名訂戶的觀影型態和偏好，它們相信那齣戲有很多的潛在觀眾。不久，事實證明它們是對的，《紙牌屋》確實非常熱門。

但網飛轉變產業的故事，不是從《紙牌屋》開始的。一九九七年，網飛發現線上DVD出租市場的潛在價值並推出郵寄出租服務，那時它已經大幅轉變了DVD出租業。二〇〇〇年，網飛提議以五千萬美元的價格出售給百視達（Blockbuster），但遭到拒絕，因為百視達的高層認為線上市場不重要。百視達把焦點放在保護其實體出租店的事業上，等了四年才推出線上出租網站跟網飛競爭。百視達後來為那次延遲行動付出了慘痛的代價，到了二〇一〇年，網飛約有一千四百萬名顧客，是美國郵局成長最快的客戶，每天寄出數十萬張影片光碟。同年，百視達申請破產保護。網飛的執行長海斯汀表示：「如果百視達兩年前推出線上訂閱服務，我們可能會死在它們的手下。[5]」

然而，網飛幾乎沒有時間沉浸在成功的喜悅中，因為二〇一〇年DVD已經開始退流行，串流逐漸興起。網飛積極接納那個改變，推出線上串流服務，不惜讓串流侵蝕自己的DVD出租業務。不久，網飛就成為北美最大的夜間網路流量來源。網飛的高層看出，這大批流量中包含大量的資訊。事實上，那些流量提供它們許多各別顧客的習慣和偏好資訊，使網飛不僅知道顧客喜歡什麼電影和節目，還知道顧客的觀影頻率、觀影時間、甚至知道顧客看了哪個片段或重播哪個部分。以前沒有一家片商或電視台能取得如此詳細的各別消費者資料——這也是二〇一一年其他業者都沒發現《紙牌屋》潛力的原因。

當然，那不是因為片商沒試過資料運用。它們試過了，但它們想要套用「魔球法」來做決策時，遇到了一大障礙：傳統守門人。這裡指的是資深管理者，他們看待資料導向決策的態度，跟路易士筆下的白襪隊高層如出一轍（路易士寫道：「有些球團的總經理和總教練都打過職棒。他們認為，那些只懂電腦的人，怎麼可能告訴他們更成功的門道呢？」）。

簡言之，問題出在文化。一位曾在某大片商的家庭娛樂部任職的人最近告訴我們：「沒有人想根據資料做決策。」另一個人說：「他們不知道該怎麼處理資料。」此外，這些員工表示，公司的戲劇管理總監（亦即決定製作哪些電影、自以為是品味領導者的人）還抱有一些很深的文化偏見。他們積極迴避那些看起來不太可能贏得獎項或好評的電影，也看不起整個家庭娛樂事業，儘管家庭娛樂事業的獲利占一部典型電影的一半利潤以上。一位曾在片商任職的人告訴我們：「電影製作中最迷人、重要的部分，是第一輪的電影院上映。」接著，他開始模仿戲劇部對家庭娛樂部的態度：「我不知道你們只賣我們的舊電影怎麼受得了，你們是在撿破爛吧。」

某大片商的資深管理者也跟我們提過幾乎一樣的文化偏見，雖然用字遣詞不太一樣：「我們有創意，我們是內容製造商，專門**製作**內容，那跟家庭娛樂的配銷是全然不同的事業……坦白講，某個訂閱服務（意指網飛）第一次推出的自製影集只是運氣好罷了。」也許吧，但我們覺得那番話聽起來，實在很像白襪隊的高層在說布瑞佛的成功只是一時僥倖。

上面談的東西，說到底，其實是在講人類專業與資料之間的衝突。娛樂業與新興內容製作者之間的競爭愈來愈激烈，那些新興的內容製作者對於資料導向的決策沒有根深柢固的偏見。例如，亞馬遜製片公司（Amazon Studio）的高管就像網飛的高管一樣，運用線上配銷網路所蒐集的資料，製作原創電影和電視劇。他們覺得自己開發出來的決策方法更好，更適合用來決定製作什麼內容。二〇一三年亞馬遜的數位音樂和影片副總裁比爾・卡爾（Bill Carr）告訴《華爾街日報》：「我們讓資料來決定我們該呈現什麼內容給顧客，我們不靠品味領導者來決定顧客該讀、該聽、該看什麼。[6]」

亞馬遜不是只在電影方面這樣想。對於出版業死守舊有的模式，亞馬遜向來很勇於表達它們對出版業故步自封的輕蔑。二〇一四年肯・奧萊塔（Ken Auletta）在《紐約客》發文指出，亞馬遜高管「覺得出版人是『還在用轉盤電話，一九六八年設計的存貨系統，以及坐擁滿倉庫垃圾的老派魯蛇』。」那番話一語道盡了我們正在談論的文化轉變本質，那也是出版業高層如今才驚覺的現況。二〇一〇年藍燈書屋的銷售和營運總裁麥德琳・麥金托許（Madeline McIntosh）表示：「我覺得，我們整個產業光說不練，講了很多。我們期待開放的對話，這是個講究一起用餐交談的文化。亞馬遜才不跟你玩這種文化，它們是看數學，看數字，看資料……它們講究的是解決問題的紀律。那跟言語及說服導向的用餐文化以及作者導向的文化，是很大的文化衝突。[7]」

即使是配銷方面，傳統的產業守門人（包括獨立書店）也很難接受目前的現況。二〇一四年雨天書店（Rainy Day Books，亦即堪薩斯城社群書店）的薇薇安·珍妮絲（Vivienne Jennings）告訴《紐約客》：「我們了解顧客，其他的獨立書店也是如此，我們比任何推薦引擎更清楚顧客喜歡讀什麼。[8]」這在地方層級來說可能是真的，但是在全球相互連接的市場上，在地化的專業難以擴張運用到全球——肯定比不上資料和演算法。一位資深的技術高管最近告訴我們，這「本來就不是公平的競爭」。

創意產業要適應資料導向的市場並不容易。一百年來，在地化的知識和專業一直是這些市場的競爭優勢來源，因為過去它們對消費者的行為了解甚少，幾乎沒什麼第一手的資料。出版商可以看到某本書的總銷量，但它們不太知道究竟是哪些人買了那本書。同樣的，阿比創（Arbitron）*估計一段時間內有多少人聽過某些歌曲，唱片公司可以購買阿比創的數據以了解歌曲的收聽狀況，但它們幾乎不知道每個聽眾的相關資訊——那些聽眾是誰，他們喜歡歌曲的哪一點，他們還喜歡哪些其他的歌曲。製片商在任何配銷通路裡（電影院、家庭娛樂或電視播放），也無法和顧客直接互動。二〇一四年索尼的執行長邁克·林頓（Michael Lynton）曾直言這點：「我們和美國大眾沒有直接的接觸。」二〇一四年十一月索尼遭到駭客攻擊後，有人針對索尼發行《名嘴出任務》（*The Interview*）的能力提出問題時，他做出上述的回應，他也說：「我們需要透過中介者，才能接觸到美國大眾。[9]」

在缺乏詳細的顧客資料下，創意產業決定製作什麼內容時，只能依賴綜合的統計數據（例如阿比創評級和尼爾森統計），小樣本（例如焦點小組）的資料，以及業界專家的「直覺」。由於直覺對這些公司非常重要，能夠有效評估人才的人，通常也會晉升到這些公司的高層。結果導致娛樂公司大多沒有與資料分析有關的組織實力或政治資本，尤其它們又把大量的資金投注在「直覺性」的決策上。二〇一三年FX電視台（FX Networks）的總裁兼總經理約翰・蘭葛拉夫（John Landgraf）告訴《紐約時報》：「資料只能告訴你，以前大家喜歡什麼，而不是未來可能喜歡什麼。頂尖娛樂業者的任務，是找出集體心理中還有哪些空白是現有的電視節目尚未填補的。[10]」他接著補充，那只出現在「資料永遠無法滲入的黑盒子裡」。大公司長期以來抱持這種思維，並持續享有豐碩的成果。如果那種策略以前沒有問題，現在怎麼可能會出問題呢？為了回答這個問題，我們再回頭來看比恩和奧克蘭運動家隊。

＊阿比創：美國著名的廣播收聽率調查公司。

我們已經談了很多奧克蘭運動家隊採用「魔球化」決策的競爭成果，但他們採用那個策略的成效並不長久。比恩的創新對大聯盟的選秀方式產生了很大的影響，但是對奧克蘭運動家隊的長期競爭優勢沒有多大的影響。當然，「魔球化」技巧可能為奧克蘭運動家隊帶來一兩年的優勢，但其他的球隊很快就滲透並複製那個策略，使競爭恢復「平等」，導致球隊想不花大錢贏得冠軍幾乎變成不可能的任務[11]。有人可能會從這個例子推論，我們在娛樂業也會看到類似的演變。也就是說，網飛、亞馬遜、Google可能從創新的資料運用中獲得短期優勢，但那些老字號企業也很容易模仿那些技巧，所以老企業還是可以維持強大的市場地位。但我們不認同這種觀點，我們覺得娛樂業的大公司會愈來愈難追上新對手，主要原因有兩個。

第一個原因是文化。在組織如何運用資料方面，大聯盟的棒球隊都非常相似。所以，他們需要改變文化以採用新的管理風格時，起始點是一樣的，但娛樂業的新科技公司並非如此。前面討論過，說到資料運用，科技公司的文化和娛樂業的公司截然不同。這是二〇〇九年二月美商藝電（EA Games）的創意總監理察・希爾曼（Richard Hilleman）帶我們了解的概念，當時他來卡內基美隆大學為學生說明遊戲產業的技術改變。在討論中，有人問他，為什麼出版、音樂、電影業那麼難改用資料導向的決策，他回應：「別忘了，那些產業的決策一向是根據某人的『直覺』，而那些直覺敏銳的人後來都晉升到公司高層。問題是，這些公司現在是和Google、亞馬遜、蘋果之類的公司競爭，那些公司是不做直覺決策的，它們只根據資料做量化決策。」

第二個原因和資料的取得有關。在大聯盟棒球中，每個人都可以取得同樣的資料。任何球隊都可以去統計公司（Stats Inc.）和伊萊亞斯體育中心（Elias Sports Bureau）購買奧克蘭運動家隊用來做決策的資料。然後再運用那些資料來複製奧克蘭隊的分析和決策技巧。但在娛樂業裡，資料的取得與棒球業截然不同。

想像一下，那些新型線上配銷平台蒐集及掌控的資料量。前面提過，網飛知道每個顧客看了什麼內容、何時觀看、用什麼裝置看、跳過哪些內容、一再重播哪些內容。同樣的，亞馬遜也從串流服務的顧客蒐集到大量的資料，它可以把那些資料和其他電子商務的顧客購買及搜尋紀錄結合在一起。YouTube平台也為Google提供了類似的資料，而且它可以把那些資料和顧客在Google其他平台上的行為連結在一起。

這種資訊交流不光只是從顧客到平台而已。一旦平台了解顧客的偏好，它們就可以根據資料，直接對顧客行銷商品。它們可以根據觀察到的顧客行為，推薦特定的商品給顧客；也可以衡量不同宣傳策略的效果；為不同客群設計特定的宣傳活動；甚至使用資料來鎖定新顧客，或是讓消費減少的老顧客恢復消費的熱情。這種雙向流程可以創造出一種良性循環：顧客提供的資料促成更好的消費體驗，因此強化了忠誠度，增加平台的使用頻率，進而使顧客對那些公司透露更多的個人偏好。

當然，如果平台公司願意分享資料，讓創作者直接對平台的各別顧客行銷，那對內容創作者來說是有利的。但問題是平台公司並沒有分享這些資料。如表9.1所示，平台公司幾乎沒跟上游的「合作夥伴」分享各別顧客的資料。例如，蘋果的銷售報告只提供「交易層級」的資料給內容供應商：消費者在蘋果平台上買了哪些商品，連同每個消費者的帳號代碼和郵遞區號。當然，能獲得各別顧客的帳號代碼是不錯的開始。我們也跟幾家大型的娛樂公司談過，如何運用那些資料來設計創新的行銷策略，以便運用特定的宣傳內容來鎖定特定的顧客。但是，只有蘋果知道那個帳號代碼背後的顧客是誰，少了蘋果的配合，那些大公司也無法接觸到那些顧客。

此外，內容供應商只看到自家內容的銷售資料，蘋果可以看到iTunes平台上所有供應商及所有內容的銷售資料，包括電影、電視節目、音樂。

不過，至少蘋果已經和合作夥伴分享了**一些**各別顧客的資料。亞馬遜、Google、網飛是採取更極端的方法。它們的銷售報告**不**提供顧客資料給合作夥伴。二〇〇〇年代中期以前，亞馬遜只分享銷售的郵遞區號，最近亞馬遜連郵遞區號的資訊都不給了。Google Play僅提供交易層級資料，但不透露任何顧客資訊。網飛甚至連交易層級的資料都不提供給合作夥伴，它只透露特定市場內某片商旗下影片的總觀看次數[12]。例如，我們訪問的一家內容製造商表示，它們從網飛收到季度報告時，上面只顯示它們的內容在拉丁美洲的觀看次數，完全不知道墨西哥或巴西等特定國家的數字。

為什麼平台公司不願分享顧客資料呢？畢竟，在實體零售市場中，資料分享是常見的做法。超市和其他的實體零售商會定期和上游的製造商（例如寶僑（P&G）、可口可樂

表9.1：線上平台和內容擁有者之間的資料分享程度

配銷者	交易層級的資料	顧客層級的資料	對顧客進行直接宣傳
iTunes	有	有限（帳號代碼和郵遞區號）	無
亞馬遜	有	無	無
Google Play	有	無	無
網飛	無（僅提供總串流量）	無	無

（Coca-Cola）、百事可樂（Pepsi）〕分享顧客層級的資料，讓製造商直接向零售商的顧客宣傳商品。事實上，一九九八年亞馬遜推出線上影片商店時，曾經承諾提供詳細的顧客資料給片商，以吸引片商供貨給亞馬遜販售。當初負責這個業務的傑森・基拉爾（Jason Kilar）表示，片商本來都不願跟亞馬遜的影片商店配合，是亞馬遜承諾提供資料以後，片商才答應供貨的。亞馬遜DVD販售網頁的創始編輯安妮・赫利（Anne Hurley）表示：「當時我們還必須懇求它們來跟我們開會。那時有助於說服片商的因素，是亞馬遜提供的科技優勢。我們可以分享搜尋結果，告訴它們顧客真正想要什麼——那是它們以前無法取得的資訊。如此一來，片商可以專注發行那些已經有買氣的影片。[13]」

但如今亞馬遜已經不像以前那麼樂於提供資訊了。為什麼呢？首先，亞馬遜不再是一家渴望生存下來的西雅圖新創公司了，而是有足夠勢力決定條件的零售巨擘。亞馬遜因為擁有詳細的資料及許多資料專家，可以把它的策略資產拿來創造獲利，同時作為和合作夥伴談判時的籌碼。你想在亞馬遜的網站上宣傳內容，或是對亞馬遜的顧客做宣傳，最好要有付錢的心理準備。

更重要的是，自從亞馬遜跨入內容製作的事業後，其他的內容製作商看起來更像競爭對手，而非合作夥伴。一九九八年，亞馬遜還是電影內容的潛在配銷商時，幫片商發現DVD顧客實際想買什麼是很合理的做法。但今天就不一樣了，光是二〇一四年第三季，亞馬遜就在自製內容上花了上億美元。二〇一五年初，亞馬遜宣布一年製作約十二部電影的計畫，製作預算介於五百萬到兩千五百萬美元之間[14]。Google的YouTube頻道也跨入原創製作事業，它們在洛杉磯及其他五大城市，為內容創作者搭建了製片空間；並預計二〇一六年在新成立的訂閱服務「YouTube Red」*上，發行至少十部原創的自製電影和戲劇[15]。亞馬遜和Google都是在急起直追網飛。二〇一五年，網飛把自製節目的產出一舉提高了三倍，共推出二十幾齣新劇和三百二十小時的新內容。以某些衡量指標來看，網飛的自製產出已經超越了長期以來稱霸有線電視界的HBO和FX[16]。而且，網飛的發展毫無減緩的趨勢，這家串流巨擘宣布，二〇一六年將製作六百小時的自製內容。

大型平台公司壟斷那些資料時，可以利用資料來評估自製內容的潛在市場，並利用它們和顧客的直接關係，進行更精準的偏好導向行銷，那是一般公司利用尼爾森統計數據及焦點小組

* YouTube Red：YouTube推出的付費訂閱服務，訂戶可享有免廣告、離線播放、觀看《YouTube Red Originals》系列節目等權限。

資料所無法做到的。網飛的發言人強納森・弗里蘭德（Jonathan Friedland）表示：「我們擁有的真正優勢，不在於挑選完美的內容，而在於能夠更有效率地行銷內容。[17]」以《紙牌屋》為例，我們在本書一開始提過，這表示它可以製作九種不同的「預告片」以鎖定不同的顧客。有些預告片是主打史貝西（這是針對看過史貝西電影的觀眾），有些是主打芬奇的執導風格（這是針對看過芬奇作品的觀眾），有些是主打該劇的女性角色（這是針對喜歡有強勢女性主角的觀眾）[18]。

總之，在生產原創內容方面，新的下游平台握有三大重要優勢。首先，前面提過，壟斷專屬的資料以及資料導向的決策文化，使這些新興的下游平台可以找出及製作被傳統製作者忽視的「暢銷」內容。

第二，新興下游平台的隨需供應性質，以及直接對各別消費者宣傳內容的能力，可以製作出傳統通路無法獲利的「長尾」內容，並獲得不錯的利潤。片商和電視網面對的是大眾市場通路，它們必須把焦點放在有大眾魅力的節目上，但下游平台不必迎合所有的大眾。亞馬遜製片公司（Amazon Studio）的負責人羅伊・普萊斯（Roy Price）接受《好萊塢報導》的訪問時，歸納說明了這種做法：「假設你有一部劇，看過試片的人中，有百分之八十覺得不錯。他們可能會看那部劇，但他們不覺得那是絕佳的內容，也不是他們最喜歡的內容。然後，你有另一部劇，看過試片的人中，只有百分之三十喜歡那部片，但每一個人都會追看每一集，而且非常喜歡。在隨需供應的世界裡，第二部劇比較有價值，那真的會改變你運作的方式，因為你需要變得更明確。你在製作電視節目時，不能再依循一般的通則，應該具體找出會讓觀眾變成粉絲的特定聲音和藝人。[19]」這種隨需製作的特質，可以解釋為什麼電視網停播《發展受阻》後，網飛願意買下繼續製作該劇的權利。那齣劇有獨特的「聲音」和忠實的粉絲群，但是在電視圈不夠紅，無法為電視台創造利潤。上述原因也可以解釋為什麼網飛願意簽下亞當．山德勒（Adam Sandler）來拍四部電影，為什麼亞馬遜願意簽下伍迪．艾倫（Woody Allen）來拍電視劇。這兩位演員的獨特風格不是人人都愛，但他們都有一群死忠的粉絲。唯有透過亞馬遜和網飛掌握的詳細資料和顧客關係，才有可能接觸到那些死忠粉絲。

第三，下游平台可以在內容和平台的品牌之間建立強大的連結。這也為顧客忠誠度的提升及交叉宣傳提供了新方法。此外，大型娛樂公司很難複製這些品牌忠誠和交叉宣傳的機會。因為大型娛樂公司從來不需要在內容和品牌之間建立深厚的關係，業界以外的人幾乎都不知道或不在乎哪家片商製作《侏儸紀世界》（*Jurassic World*）、哪家唱片公司推出泰勒絲（Taylor

Swift）的最新專輯，或哪家出版商出版《達文西密碼》（*The Da Vinci Code*）。

目前為止，我們提到的故事大多和電影業有關，但「大數據」在音樂和出版業也愈來愈重要。Pandora（通過其「音樂基因組計畫」）、Shazam、Spotify現在蒐集了顧客偏好的詳細資料，那些資料日後會證明有助於新藝人的行銷。事實上，Spotify的執行長丹尼爾・埃克（Daniel Ek）認為，Spotify蒐集的資料已經讓公司獲得很大的競爭優勢：「我們這樣做好幾年了，我們因此打造出一個龐大的資料集，裡面都是死忠音樂消費者的相關資料。[20]」同樣的，Shazam讓用戶透過智慧型手機應用程式（app）來辨識音樂，因此記錄了每天用戶搜尋的兩千萬筆資料，從而創造出一種競爭優勢。Shazam那些資料的預測力，使它的應用程式在全國各地的音樂經紀人之間相當熱門。二〇一四年二月，Shazam宣布利用那些資料，為華納音樂旗下的新品牌製作音樂[21]。

這些公司的競爭優勢，大多是因為那些資料為他們帶來顧客忠誠度及市場勢力，也促進了內容製作的垂直整合。亞馬遜跨入出版業時，很少人發現賣書其實不是它的主要目的。二〇一一年麥克米倫公司的執行長約翰・薩金特（John Sargent）談到貝佐斯經營亞馬遜的方向時，這麼說：「我還以為它只是一家書店，我真是太傻了！」後來大家才發現，販賣圖書只是貝佐斯取得資料的方式。薩金特說，他後來才終於意識到亞馬遜的「攬客策略」[22]。

我們和娛樂業高層談到這些新型資料「顛覆者」帶來的挑戰時，常聽到以下四種回應，而且有時他們表達的順序還一模一樣：

- 你無法用資料做創意決策。你用資料做決策的話，會干擾創作流程，摧毀事業。
- 我們有自己的資料，多年來我們一直是使用資料做決策。那些新公司使用的資料，跟我們一直在用的資料，其實沒有多大的差別。
- 那些公司還是要靠我們提供內容。萬一它們變得太強大，我們會停止授權內容給它們。
- 其實我們只要自己開串流通路就好了，這樣一來，我們就可以取得想要的顧客層級資料。

我們逐一來檢視這幾個論點。

你無法用資料做創意決策。你用資料做決策的話，會干擾創作流程，摧毀事業。

我們覺得這個論點有兩個缺陷。第一是假設網飛使用資料來干擾創作流程。二〇一五年，薩蘭多斯在北美國際電視節上表示：「我們完全不用資料來干擾創作，我們的資料主要是用來判斷：『那裡真的有人對這個節目感興趣，那裡具備讓這齣劇走紅的所有因素，所以你應該大舉投資。』[23]」有一個「魔球」相關的比喻很適合套用在這裡。奧克蘭運動家隊不是使用資料來告訴布瑞佛該如何投球，他們是利用資料來評估他的投球方式多有效。

這個論點的第二個瑕疵是，誤以為資料導向的業者賦予創造者較少的自由。二〇一四年，史貝西在內容行銷世界大會（Content Marketing World）上做專題演講。他在演講中充分闡述了這點，這裡值得詳細引用他的說法：

> 近年來，我們看到許多引人入勝又精彩的節目，角色與敘事細膩豐富，我指的是《黑道家族》（*The Sopranos*）、《單身毒媽》（*Weeds*）、《反恐危機》（*Homeland*）、《夢魘殺

魔》（*Dexter*）、《六呎風雲》（*Six Feet Under*）、《死木》（*Deadwood*）、《金權遊戲》（*Damages*）、《飆風不歸路》（*Sons of Anarchy*）、《監獄風雲》（*Oz*）、《火線重案組》（*The Wire*）、《噬血真愛》（*True Blood*）、《海濱帝國》（*Boardwalk Empire*）、《廣告狂人》（*Mad Men*）、《權力遊戲》、《絕命毒師》等等，甚至包括《紙牌屋》。

坦白講，十五年前不可能拍出這些戲劇，因為以前電視網的高層認為，所有的角色都應該是好人、精明能幹、愛家等等。巴尼・法夫（Barney Fife）不是愛上追緝目標的躁鬱症中情局幹員*。瑪麗・泰勒・摩爾（Mary Tyler Moore）也不是擅長製作毒品的高中化學老師**。我覺得近年來戲劇製作的演進——我認為這代表電視的第三個黃金年代——主要是因為創作者對故事的掌控力更勝以往。以前權力是集中在少數人的手中——片商、電視網、管理高層等等。他們決定製作什麼內容，如何製作，以及誰能看到那些東西。

我甚至還記得早年我剛進電視圈工作時，我看到他們西裝筆挺地徘徊在劇組現場。那些電

* 巴尼・法夫為《安迪・格里菲斯秀》（*The Andy Griffith Show*）的警察角色。後段敘述影射《反恐危機》女主角凱莉・麥迪遜（Carrie Mathison）。

** 瑪麗・泰勒・摩爾為美國影集資深喜劇女星。後段敘述影射《絕命毒師》男主角沃特・懷特（Walter White）。

視網的高層對每個創作決策都要插手干預，對一切事情都有意見，還會問我的髮型為什麼要梳成那樣，為什麼我要打那條領帶，為什麼要那樣演戲等等。當時我覺得心裡很不是滋味，也促使我想要專注在電影和戲劇上。但另一方面，與網飛一起製作《紙牌屋》跟我以前拍電視劇的經驗完全相反。事實上，那是我在鏡頭前最有趣、最有成就感的創意表演經驗[24]。

這裡應該特別指出，如今這些資料導向的內容也以創意出眾獲得獎項的肯定。例如，二〇一五年的金球獎上，亞馬遜以《透明家庭》（*Transparent*）獲得最佳喜劇獎，當年它擊敗了哪些對手？網飛的《勁爆女子監獄》（*Orange Is the New Black*）、HBO的《矽谷群瞎傳》（*Silicon Valley*）和《女孩我最大》（*Girls*），以及CW電視網的《貞愛好孕到》（*Jane the Virgin*）。二〇一六年，網飛得到的金球獎提名數（八項）比任何電視網還多，結束了HBO連續十四年提名最多獎項的紀錄[25]。事實上，二〇一六年網飛獲得提名的數量，只比傳統電視網的提名總數少一點點而已：ABC（四項）、福斯（四項）、CBS（兩項）、NBC（零項）[26]。

另一種形式的肯定是，愈來愈多的知名演員選擇和資料導向的新製片商合作，而不是和傳統片商合作。這個現象引起業界一些人士擔心「人才流失」，他們擔心演員、編劇、其他的創意專業人士開始轉往新平台發展[27]。

我們有自己的資料，多年來我們一直是使用資料做決策。那些新公司使用的資料，跟我們一直在用的資料，其實沒有多大的差別。

沒錯，大公司使用資料做決策多年了，但那些資料大多不是它們的專屬資料。業內任何人都可以從尼爾森或阿比創購買觀眾資料，或從Rentrak*、SoundScan、BookScan**或線上觀眾統計公司ComScore買到銷售資料。此外，網飛、亞馬遜、蘋果、Google蒐集的資料，也比目前業界的統計資料詳細，比焦點團體提供的資訊更全面。或許最重要的是，平台公司蒐集的資料可以用於直接宣傳和直接顧客參與，那是尼爾森的觀眾統計資料或BookScan的銷售估計所

* Rentark：媒體數據研調公司，以電影票房統計為主要服務。二〇一六年併入ComScore。
** SoundScan、BookScan：研調公司尼爾森旗下子公司，前者主攻唱片市場，後者主攻出版市場。

做不到的。

那些公司還是要靠我們提供內容。萬一它們變得太強大，我們會停止授權內容給它們。

娛樂業的管理高層常主張，萬一真的大勢不妙，它們會從新平台移除內容，使新平台無生意可做，或至少大幅降低它們的市場勢力。

我們覺得這種獨立策略是一種誤判。誠如NBC和iTunes之爭所示，在缺乏正版的替代方案下，把內容從這些平台移除只會導致顧客改看盜版。即使有其他的正版選項，網飛、亞馬遜、Google和其他平台可能已經變得太強大，不會因為你抽走內容而無法生存。片商、唱片公司、出版商需要這些平台提供的營收[28]，允許消費者使用數位平台來發現其他的內容，可以帶來重要的外溢效果。

其實我們只要自己開串流通路就好了，這樣一來，我們就可以取得想要的顧客層級資料。

我們覺得這是不錯的開始，但是若要與新平台競爭，我們覺得那樣做還不夠。線上消費者非常重視方便性，本章稍早前提過，多數創意內容不是靠製作公司的品牌來宣傳。所以，即使福斯公司為電影或電視節目開設線上串流通路，很少消費者知道哪些節目是福斯製作的。即使他們真的知道從哪家製片商的網站找到想看的內容，消費者也希望可以從一個地方觀賞所有的內容，而不是逐一去了解不同片商的網站該怎麼使用。集中化也可以為製作者創造效益。即使片商為自家內容開闢串流平台，並蒐集詳細的觀眾行為資料，那些資料也不像網飛或亞馬遜的資料那麼寶貴，因為它們可以看到觀眾在平台上觀賞各家影片的行為。

現在我們來盤點一下目前為止討論的一切。第一到第四章談到娛樂業的經濟基礎。第二章詳細說明，長久以來，娛樂業在圖書、音樂、電影的製作上，享有強大的規模經濟及很高的進入門檻。因為這些經濟特質，少數幾家強大的出版商、唱片公司、片商能夠對下游的宣傳和配銷通路，以及上游的創作者施展強大的掌控力。第三章，我們也提到，公司可以掌控顧客何時及如何取得內容，它們靠這個掌控力來提高銷售獲利。

在本書的第二單元，我們主張科技變革的完美風暴正在改變娛樂業的權力和利潤來源。長尾市場的可行性、數位盜版的普遍、創作者擁有許多新的製作和配銷選項、下游配銷商的強勢崛起、配銷商掌控詳細資料的能力等等，都使權力從那些掌控內容的公司轉向那些掌控顧客的公司。

本章提過，我們覺得大型片商、唱片公司、出版商在因應這些新的競爭現實時，面臨兩大挑戰：第一，公司傾向於保護現有的商業模式，以及保留目前的「直覺式」決策。第二，顧客層級的資料，對娛樂內容的製作和宣傳日益重要，但大公司無法掌握這些資料。我們認為大公司需要處理這兩個議題，才能繼續在娛樂市場上蓬勃發展。在本書的第三單元，我們將討論大公司可採用的策略——這一切要從組織變革談起。

PART III

新希望

「無論反抗軍取得什麼技術資料，他們對本站的任何攻擊都是白費力氣。」

——莫提上將（Admiral Motti），《星際大戰四部曲：曙光乍現》（*Star Wars Episode IV: A New Hope*）

10 傲慢與偏見

「當時我向妳求婚，自以為妳必然會答應，然而妳卻讓我明白，一味地表現自命不凡，實在不識大體。」

——珍・奧斯汀（Jane Austen），《傲慢與偏見》（*Pride and Prejudice*）

「我是純粹的實證派，對這個事業該如何經營沒有任何執著的幻想，我只看證據帶我往哪裡走。[1]」

——哈樂斯娛樂公司（Harrah's Entertainment）前執行長蓋瑞・拉夫曼（Gary Loveman）

娛樂業想在瞬息萬變的數位時代蓬勃發展的話，必須掌握詳細的顧客層級資料，並積極打造資料導向的決策文化。為此，它們需要進行徹底的組織改革——這對組織架構已經根深柢固數十年的產業來說並非易事。無論是流程或文化上，這樣的改變都不容易，但是為了和資料導向的新興業者競爭，這樣做是必要的。二〇〇〇年代初期哈樂斯娛樂公司（如今隸屬於凱撒娛樂集團）取得競爭優勢、變成博彩業領導者的故事，最能彰顯出以資料為基礎來建構組織的效益。

哈樂斯公司是二十世紀的成功故事[2]。公司的創辦人威廉・費雪・哈樂（William Fisher Harrah）於一九三七年遷居雷諾市（Reno）。不久，他在那裡開了一家小型的賓果遊樂廳，接著又開了一家賭場。當時雷諾的賭場是走酒吧風格，室內昏暗老舊。哈樂覺得他只要開一家與眾不同的賭場，就能吸引很多顧客上門：乾淨、明亮、豪華的場所，不會讓人覺得那是見不得人的地方，而是提供純粹的娛樂。

果然，顧客大量湧進哈樂的賭場。後續幾十年間，他在其他地方也開了類似的賭場，變成哈佛商學院教授賴吉夫・拉爾（Rajiv Lal）所說的：「把賭博產業化的人物」[3]。一九五五年，哈樂以哈樂斯（Harrah's）作為公司的名稱，在塔荷湖（Lake Tahoe）的湖邊打造了全球最大的獨立賭場。賭場內有結合表演和餐廳的劇院型餐館，共八百五十席，經常有世界各地的頂尖藝人來這裡登台表演。漸漸地，哈樂斯賭場變成觀光勝地，哈樂在賭場旁邊也加蓋了豪華飯店。一九七八年，哈樂過世，但公司持續成長。一九七〇年代與八〇年代，美國許多州讓賭博合法化。一九九〇年代，哈樂斯公司推動積極的擴張策略，變成第一個事業遍及全美的賭博企業。拉爾寫道：「到了二〇〇〇年，哈樂斯娛樂公司已是博彩業的知名企業，比任何博彩公司的營運範圍更廣……在美國所有的傳統賭博區以及多數的新興賭博區，經營陸上賭場、碼頭賭場、河船賭場、印地安賭場。[4]」

二〇〇〇年哈樂斯蓬勃發展，但是當時博彩業的局勢正在改變。在美國，沒有更多的州把賭博合法化，所以公司的擴張策略已經不可行了。在市場受限下，哈樂斯公司必須和那些華麗的新公司競爭。新公司是以類似拉斯維加斯那種夢幻度假勝地來吸引大批顧客上門（例如幻象飯店（Mirage）的鯊魚館、野生動物、假火山；樂蜀飯店（Luxor）的巨大玻璃金字塔、埃及神廟、法老雕像等等）。在拉斯維加斯和其他地方，這些新興的博彩公司在賭場外圍開設誘人的購物中心、高級餐廳、豪華水療會館、以及各種誇張的娛樂活動，以吸引賭客以外的消費者。這種策略確實奏效了，二〇〇一年拉斯維加斯的消費者在購物、餐飲、娛樂上的花費是賭博的三倍。儘管過去幾十年間博彩市場大幅擴張，一九九〇年代末期，內華達州和大西洋城依然囊括全美每年博彩業營收的百分之四十（全美的博彩營收是三百一十億美元）。

創業五十年來，哈樂斯成功地打造出一個獲利良好的全國連鎖賭場。旗下的每家賭場大多是獨立運作，但哈樂斯的營收幾乎全來自賭場，而不是裡面的商店、餐館和其他娛樂。哈樂斯沒有資源以新的方式跟新興賭場競爭。在一夜間把全美各地的連鎖賭場都打造成豪華賭博勝地，也是不切實際的選項。哈樂斯的執行長菲利普・薩特（Philip Satre）認為，哈樂斯若要維持競爭力，必須尋找不同的方法。一九九〇年代中期，薩特積極展開一項計畫。後來他回憶道：「顧客忠誠度才是我們的過人之處，所以我們決定在那方面變成業界領導者。[5]」為此，薩特於一九九七年推出「全金計畫」（Total Gold），那是模仿航空公司累計里程的顧客忠誠計畫。到賭場賭博的顧客可以累積點數，點數可以換取博彩業者經常提供的獎項：免費餐飲、免費住宿、免費秀場門票。然而，由於哈樂斯旗下的賭場是各自獨立經營，會員只能在發卡的那家賭場內累積點數，而且每家賭場各自決定行銷計畫。

薩特很快就注意到，把顧客忠誠計畫改成全美通用更有價值，也就是說，讓顧客在旗下的連鎖賭場內都可以累積點數。所以，他開始花心思探索那個概念。一九九八年，約莫同一時間，薩特聘請哈佛商學院的教授拉夫曼來擔任營運長，並賦予他一個明確的任務。二〇〇三年拉夫曼寫道：「薩特找我去當營運長時，他說他想把哈樂斯從一家營運導向公司，變成行銷導向公司；不再把每個賭場視為獨立事業，而是讓旗下的所有事業一起培養顧客忠誠度。[6]」

拉夫曼加入哈樂斯後，馬上發現全金計畫的缺陷，因為旗下每家賭場推出的全金計畫都不一樣，也沒有提供什麼誘因讓顧客把哈樂斯視為他們在全美各地賭博的首選賭場。在此同時，他也發現，儘管這個計畫有明顯的瑕疵，但它也為哈樂斯提供了一種發展工具：詳盡的資料探勘和分析。拉夫曼寫道：「儘管全金計畫在提高顧客忠誠度方面效果有限，但它默默地幫我們挖掘了未來的寶礦。[7]」

拉夫曼也知道，把資料運用融入哈樂斯的商業模式並非易事，因為整個組織的發展本來就沒有分享資訊的習慣。拉夫曼回憶一開始他碰到的情況：「每家賭場都像一塊封地，由封建領主管理，偶爾因國王或女王過境而出現一些干擾。每家賭場自負盈虧，有自己的資源，它們的心中不存在『鼓勵自家的顧客去其他連鎖賭場』的概念。[8]」這種獨立運作的結構不是隨意生成的，而是為了迫使賭場的管理者跟其他的賭場競爭資源，使他們更有動機去改善自家賭場的營運。但這種壁壘分明的組織架構，和拉夫曼期望的跨公司資料導向管理並不相容。

拉夫曼決定，他的首要之務是組織變革。於是，在薩特的支持下，他開始要求以前直接向執行長匯報的賭場管理高層和分區總裁向他匯報。拉夫曼說，這是一個訊號，「顯示顧客是屬於哈樂斯公司的，而不是屬於任一賭場的」。這並非微不足道的改變，賭場的管理高層反應不小。那些管理者大多是從基層逐漸晉升上來的業內人士，掌握賭場的自主權和權力是他們擔任管理者的獎勵，現在叫他們改用總部某個業外人士所決定的行銷計畫，簡直是直接挑戰他們的勢力和掌控權。而且，那番改變也可能影響到他們的收入，他們的獎金和獎勵是按賭場的營收計算的。現在要他們分享資料以鼓勵顧客到別家賭場（即使是另一家哈樂斯賭場），猶如一種威脅。

不是每個哈樂斯員工都能夠適應新的匯報架構，以及權力和自主權的調降。拉夫曼到任不久，就換掉哈樂斯旗下兩位抗拒改變的賭場總經理，那兩人分別是領導哈樂斯位於雷諾和拉斯維加斯那兩大據點的賭場[9]。把顧客行銷權集中起來以後，哈樂斯失去了四分之一的賭場接待人員，因為他們以前有權決定提供賭客什麼「返利回饋」（comps）[10]。

改變組織結構雖然痛苦，但哈樂斯因此能把資料集中在串連所有賭場的一套複雜系統中，終於可以從那些資料中提取價值。拉夫曼寫道：「那套程式背後的資訊科技（IT）系統，藉由追蹤數百萬條交易，彙集大量有關顧客偏好的資料。全金獎勵計畫的核心其實是三百GB的交易資料庫，裡面記錄了各個銷售點（包括吃角子老虎機、餐館、賭場內其他零售點）的顧客活動。資料庫管理者把那些資訊匯入企業的資料倉儲中，那裡面不僅有數百萬筆顧客交易資料（包括顧客姓名、住址、年齡、性別），也有他們賭博和消費偏好的細節。資料庫是非常豐富的顧客資訊庫。[11]」

除了改變組織的匯報結構，並把資料分析提升為管理高層的任務以外，拉夫曼也雇用有量化分析背景的人來擔任資深幕僚，讓整個公司都知道公司對資料分析的重視。拉夫曼稱這個幕僚團隊為「推進領導者」，其中有兩位優秀的副總裁分別負責管理顧客關係和顧客忠誠度：芝加哥大學的前數學家理查・米爾曼（Richard Mirman），以及曾在美國運通（American Express）、家居國際（Household International）、美信銀行（MBNA America）擔任分析主管的大衛・諾頓（David Norton）。

拉夫曼把資料分析融入組織文化中，堅持所有的決定都必須根據嚴格的分析和測試結果，而不是根據直覺。拉夫曼說：「我和行銷人員開會討論新活動時，我會問：『這事先做過測試了嗎？』如果我發現他們還沒做測試就想投入，我會當場叫停。無論他們覺得那個活動有多巧妙，都必須先做測試再說。[12]」

運用新整合的資料平台和資料分析，拉夫曼和團隊開始發現許多令人意外的事實。例如，他們可以讓每家賭場的管理者看到，集中化的顧客管理方式並未侵蝕每家賭場的營收。米爾曼表示：「我們質疑了『去一趟拉斯維加斯賭博，會取代去一趟密蘇里州圖尼卡（Tunica）賭博』的假設。我們做了測試，然後向賭場的管理者證明沒那回事。我們建好系統後，可以證明集團底下有很多跨市場的商機。[13]」

他們也發現百分之二十六的顧客創造了百分之八十二的哈樂斯營收。不過，更重要的是，他們仔細觀察各別顧客時，發現獲利最好的顧客並非業內其他人爭相鎖定的豪賭客，反而是那些喜歡玩吃角子老虎機的中年人和老年人。有了這番認知以後，拉夫曼設計了一個策略，在其他同業都想抓住「豪賭客」的產業裡，哈樂斯專門鎖定「小賭客」。

有了顧客層級的資料，拉夫曼和團隊根據一點資訊（那個人玩什麼遊戲、押多少賭金、玩的速度多快），就能夠預測新顧客的終生價值。具體來說，他們可以根據觀察到的顧客資訊，預測顧客的未來價值。接著，再比較預測值和顧客在哈樂斯的實際消費值，以判斷賭場應該對那個人做什麼宣傳。例如，如果系統說某個人是大賭客，但系統顯示他不常光臨哈樂斯，那他可能花很多時間在別家賭場裡。對此，哈樂斯會為他設計一套促銷計畫，以提高他對哈樂斯的忠誠度。同樣地，如果系統發現某個常客來訪的頻率下降，哈樂斯也會針對他設計一套留客策略。

新的整合資料平台也讓哈樂斯設計實驗，以驗證哪種行銷策略最有效。拉夫曼說：「我們在哈樂斯做了各種對照組實驗。我們的理念是『你不能騷擾女人，不偷不搶，但你一定要做對照組實驗。』在這個公司裡，你不做對照組實驗，可能會丟飯碗。[14]」這個做法也讓他們發現一些出人意表的資訊。在一個實驗中，哈樂斯提供一組顧客典型的忠誠度回饋（包括免費住宿、兩客牛排晚餐、價值三十美元的免費籌碼，總價值是一二五美元），另一組只提供價值六十美元的免費籌碼。結果出乎預料，第二組創造的獲利是第一組的兩倍。哈樂斯也以實驗分析顧客如何挑選吃角子老虎機，甚至連機器的背景顏色也納入實驗了。有了這些資訊後，哈樂斯可以改變吃角子老虎機的設計和擺放，讓它更符合顧客的偏好。

總之，哈樂斯的行銷變得非常量化。它的行銷策略不再根據觀察到的情況，而是根據**預測**的情況，而那個預測是由較少的觀察樣本推導出來的。這個差別非常重要，因為賭場只考慮觀察到的情況時，會認為不常光臨的顧客價值較低。相反地，賭場研究預測的情況時，可以察覺到某個不常光臨哈樂斯的顧客其實是其他賭場的常客，所以應該把他當成高價值的顧客看待。

這種量化方法有助於個人化行銷，那正是哈樂斯認為最能有效提升顧客忠誠度的方法。誠如米爾曼所言，公司希望顧客這麼想：「我想去哈樂斯，因為它們了解我。它們給我獎勵，好像真的很熟悉我似的，我去其他的地方就沒有這樣了。[15]」哈樂斯也發現使用詳細資料和專屬的演算法有助於提升顧客忠誠度，並產生良性循環。拉夫曼表示：「我們超前對手愈多，做愈多的實驗，對顧客的了解就愈多。我們愈是了解顧客，顧客的切換成本愈高，那又會進一步拉開我們和對手的距離，這是我們能快速往前衝的原因。」

哈樂斯改採資料導向的管理策略，是以三個主要原則為基礎：

- 集中整個公司的資料，根據資料分析來進行組織變革，把資料分析變成管理高層的任務。
- 堅持所有的決策都必須以資料為基礎，最好做過對照組實驗。

• 各別看待每個顧客，根據個人的行為設計行銷策略。

這個策略奏效了。二〇〇三年，哈樂斯的營收已連續成長十六季。二〇〇二年的營收達到四十億美元，淨利達到二億三千五百萬美元[16]。拉夫曼對於他重組公司以善用資料的成效感到相當自豪，他寫道：「我們深入探索顧客資料，進行行銷實驗，運用那些結果來設計及落實細膩的行銷和服務策略，以吸引顧客持續上門，因此在賭場競爭中勝出。[17]」二〇〇三年，拉夫曼取代薩特擔任執行長，直到二〇一五年才卸任。那段期間，他把哈樂斯轉變成全球最大的博彩企業，收購凱撒娛樂公司（Caesars Entertainment Inc.）。哈樂斯從二〇〇三年只有十五個賭場，到二〇一三年共有五十四個賭場[18]。不過，拉夫曼取得的東西中，最重要的是顧客資料。他卸下執行長一職時，哈樂斯的會員計畫共有四千五百萬名會員，價值估計高達十億美元以上[19]。

我們覺得哈樂斯的故事可以帶給娛樂業一些重要的啟示。娛樂業需要落實類似的策略，才能因應新市場的需求。在本章後續的篇幅及下一章中，我們將討論這些改變。為了簡單起見，我們把焦點放在電影業上。我們的變革提案雖然是鎖定電影業的某些面向，但其他的娛樂產業也需要做類似的改變。

我們先從「資料孤島」（data silo）*談起。拉夫曼加入哈樂斯以前，顧客資料是散布在公司四處，由各個賭場獨立掌控。如今的製片商也面臨類似的狀況，資料通常散布在公司四處，由各別的業務部門（戲院、電視、家庭娛樂部門等等）所掌控。那些部門就像哈樂斯旗下的賭場一樣，不願跟彼此分享資料，因為他們擔心在公司內失去競爭優勢的來源。某大片商的一位員工對我們描述，公司裡的業務部門猶如四十塊各自獨立的「封地」，各有各的總裁。她指出：「他們都想做自己的事情，因此犧牲了公司的整體健全發展。」在資料時代以前，這種結構也許合理（例如管理高層鼓勵業務部門之間相互競爭），但如今在資料導向的市場中，公司愈來愈需要善用資料的威力，這種結構並不合理。哈樂斯很早就發現這點，把資料分析集中交給新

* 資料孤島：意指企業之中各單位獨立運作，資料散落各處且未做有效統整與利用。

的管理高層負責，因此享有競爭優勢。我們認為片商也應該採用類似的方法，把資料分析集中交給管理高層負責。這樣做可以幫片商和其他的大型娛樂公司跟Google、亞馬遜、網飛、其他的新進業者競爭。我們覺得原因有四點。

第一點顯而易見，但值得一提。資料有跨資料庫的連結而且可以整體來看時最為實用，尤其顧客資料和市場資料更是如此。「孤立」的資料猶如受困的寶貴資源，把它們串連起來時，可以發揮更大的競爭優勢。以電影的階段式發行為例，先在電影院上映，接著發行DVD，然後透過電視和線上通路播放。採用這種方式時，某個發行時段的定價和行銷決策，自然會影響到其他發行時段的銷售。目前，片商並未要求不同通路的管理者分享資料，或是把決策中央化。但是未來若要有效營運，必須這樣做。

第二，集中進行決策可以提高公司內的資料分析效果。資料分析需要多種不同的技巧（實驗設計、統計推論、計量經濟模型），很難找到一個人具備所有的技巧。所以，把資料分析集中處理，比較方便那些有不同背景與技能的分析師一起合作，也方便資料的集中彙整，避免不同的業務部門重複做同樣的事情。

第三，把資料分析提升為組織關注的重點，有助於挽留人才以及吸引新的人才。那也可以讓公司裡的每個人清楚知道，資料分析是公司的首要之務，也為擁有強大分析能力的人才提供職涯發展的途徑。

第四點最重要：把資料分析的匯報架構加以集中，可以幫整個公司以客觀的方式排解爭議性的問題。各別業務部門雇用資料分析人才時，分析師可能會有壓力，不得不讓資料符合老闆想表達的意圖。我們聽過一些實例：管理高層看到分析師提出的結果後，大發雷霆。老闆生氣不是因為分析不正確，而是因為結果並未驗證老闆先前的決策，或因為結果可能對那個業務單位的短期獲利有害。這裡的風險顯而易見：如果分析師覺得研究結果會影響到他的飯碗，他可能會想要忽略證據，去追求預先決定的結果。長遠來看，如果管理高層是根據這種缺陷的分析來做決策，那對任何人都沒有好處。

當然，把資料分析抽離業務部門太遠，也可能造成其他的問題。如果分析師不熟悉業務部門的營運，他們就無法找出或可靠地解決業務部門最迫切的問題。如果業務部門不相信分析師的知識，業務部門也不會採用他們的建議。所以，分析師該如何保有客觀性，同時對業務部門的獨特需求有深入的了解呢？我們訪問了某大平台公司的一位高階管理者，他說公司的分析師是由中央化的資料團隊招募進來的，直接向資料團隊匯報。那個團隊會定期開會，讓分析師討論專案，也善用隊友的其他技巧。不過，分析師的辦公室是設在各個業務部門中，讓他們深入了解業務部門的需求。

在娛樂業中，資料導向的文化是什麼樣子？為了回答這個問題，我們先問資料分析和實驗如何協助管理高層為行銷的「4P」開發新方法：我該販售什麼**商品**（Product）？我該在**哪裡**（Place）販售商品？我該為商品定什麼**價格**（Price）？我該如何**宣傳**（Promote）商品？

商品

內容創作出來以後，資料可以幫忙判斷最有效的上市方法。為了更了解這句話的意思，你可以思考這個問題：只以專輯形式販售音樂的獲利比較好，還是同時發行專輯和單曲的獲利比較好？那是二〇〇〇年代末期唱片業面臨的問題，當時iTunes愈來愈熱門，業界的傳統觀點很明顯：販售數位單曲對營收不利，甚至可能比數位盜版對營收的衝擊還大。「盜版不會扼殺音樂。」MTV的共同創辦人羅伯・彼特曼（Robert Pittman）表示：「我和音樂產業的人討論時，多數人都會坦言問題出在銷售單曲，而非專輯，你算一下數字就知道了。[20]」

表面上，數字運算很有說服力。國際唱片業協會的資料顯示，從二〇〇二年至二〇〇八年，全球實體音樂的銷售額從二百四十七億美元下降至一百三十九億美元[21]。數位專輯和單曲的銷售只彌補了那個損失的一部分，二〇〇九年的銷售總額才四十億美元。整體來說，數位及實體音樂的營收在同期下滑了百分之二十八，從二百四十七億美元下降至一百七十九億美元。發生的事情似乎很明顯：以前消費者花十五到二十美元買CD專輯，現在只花一點錢買幾支單曲，對吧？也許吧，但也許不是如此。拆開販售的單曲可能吸引新的消費者，而**增加**音樂營收也說不定？音樂產業應該停止販售單曲，回歸只賣專輯的模式嗎？二〇〇九年初，我們和某大唱片公司合作了一項實驗，分析了這些問題[22]。具體來說，我們和那家唱片公司挑出銷售最好的兩千支單曲，接著在該唱片公司的某大數位銷售平台上，隨機調高某些單曲的價格（從〇．九九調至一．二九美元）。那讓我們有機會觀察改價單曲的銷售變化、同一張專輯內其他單曲的銷售變化，以及那張專輯的銷售變化。我們做了計量經濟模型分析，結果得到明確的答案：以數位單曲的形式來販售內容時，藝人和唱片公司的獲利都比販售數位專輯時更多。

地點

尼爾森的資料顯示，二〇一五年的第一季，美國成人每天觀看電視的時間比兩年前少了十六分鐘[23]。有些業界人士把時間的縮減歸因於：尼爾森無法追蹤消費者以新方法觀看內容的狀況。維康（Viacom）*的執行長菲利普・道曼（Philippe Dauman）指出，尼爾森的衡量服務「沒有與時俱進」[24]。尼爾森的執行長米奇・巴恩斯（Mitch Barnes）反駁，問題不在於尼爾森，而是電視內容的品質不佳：「有時他們會拿我們當代罪羔羊。收視率下滑時，他們不願相信那可能是因為節目不佳，而寧願相信那是因為別人做得不夠。[25]」不過，這還有第三種可能。收視率下滑可能是因為觀眾花更多的時間上網了（二〇一三年到二〇一五年，美國人每天上網的時間增加了四十二分鐘）。

上網時間增加是否導致看電視的時間減少呢？二〇一五年，卡內基美隆大學的佩德羅・費雷拉（Pedro Ferreira）和某家有線電視公司一起做了一個實驗，以解開這個問題。那家有線電視公司也是網路服務供應商，費雷拉與研究同仁隨機挑了三千位該公司的訂戶來做實驗，其中一半可免費獲得付費電視頻道的觀賞權，而且還有錄影功能，另一半對照組則沒有這種免費福利。接著，他們再比較這兩組的電視觀賞及上網情況。他們發現，上網時間增加和看電視的時間減少，確實有明顯的關係。相較於對照組，獲得免費電視觀賞權的用戶大幅減少了上網時間[26]。那個實驗顯示，上網時間愈多，看電視的時間愈少——這對電視業者來說是個發人深省的議題。

價格

以前管理者大多是憑「直覺」來籠統決定價格，現在資料可以幫管理者做更好的定價。例如，二〇〇〇年，我們打電話請教某大出版商的行銷主管，以了解一般書籍改變價格時，銷量有何變化——亦即經濟學家所謂的「**價格彈性**」。我們一開始先問了一個我們覺得很簡單的問題：「書籍的一般價格彈性是多少？」電話的另一頭沉默了許久，也許我們問得不夠明確，於是我們又追問：「精裝書是什麼狀況？」對方依然沉默了很久，也許他不懂經濟術語，所以我

* 維康：美國跨國傳媒集團，主要業務範圍為電影和有線電視。

們又問：「如果精裝書降價百分之十，你覺得銷售會增加多少？」對方依然沉默，最後他終於開口說，其實出版業的定價不太做量化分析。價格是根據業界常規、競爭對手的決策，以及很多直覺設定的。長久以來，那一直是很合理的定價方式。這個產業向來很穩定，所以定價可以一直採用標準做法。然而，十年前用來銷售精裝書、CD、DVD的合理價格，如今適合用來銷售電子書、數位專輯、電影下載嗎？在這個新的數位市場中，企業該如何為內容判斷合適的定價？

這些問題真的很難回答，因為現在的電影和電視節目多到令人眼花撩亂，它們都在爭搶消費者的注意力和荷包。消費者可以購買或租用DVD，可以訂閱許多不同的有線頻道，可以從iTunes、亞馬遜、網飛購買或租用數位內容，也可以從各種合法和非法的通路取得串流的內容。改變任何通路的價格，都會影響到其他通路的銷售。如果通路之間不做好協調（目前他們是獨立做決策），一個通路的定價可能會損及其他通路的業績。換句話說，多重通路的定價決策很難拿捏。在這種不斷演變的環境中，依賴「直覺」已經不夠了。為了開發更有效的定價策略，娛樂公司必須設計更深思熟慮的資料導向方法，以便把許多重要的變數都納入定價考量中。

例如，定價不僅跟通路有關，也跟時間有關，那也導致定價更加複雜。前面提過，銷售資訊商品時，長時間創造最多營收的最好方法是實施差別定價——對高價值的消費者收取高價（他們通常想在內容發行後馬上先睹為快），對低價值的消費者收取低價（他們願意等候）。這裡的關鍵在於設計一種可以做「投機定價」（opportunistic pricing）的模型，亦即需求疲軟時可以降價，需求強勁時可以漲價，所以圖書、歌曲或電影的最佳價格會隨著時間而改變——如此一來，問題就變成：如何在瞬息萬變的市場中提取最大的價值。

我們來思考一個具體的問題。以前消費者願意花十五到二十美元買一張DVD，但是他們願意在數位平台上付多少錢買電影？回答這個問題的最好方法是做資料導向的實驗，我們和某大片商確實這樣做了。在研究中，我們選了那家片商的許多舊電影，然後在某大線上配銷平台上調降那些電影的價格。在實驗期間，有些價格是從九・九九美元降至七・九九美元，有些是降至五・九九美元，有些是降至四・九九美元，其餘的價格維持不變（作為對照組）。我們發現線上消費者對價格非常敏感，通常我們把價格調降一半時，消費者的需求就會翻兩倍或甚至四倍。其中有些購買需求增加，取代了出租或其他數位平台上的銷售。即便如此，線上價格降低顯然使總銷售增加，營收增加，片商的獲利也增加了[27]。

其他的娛樂產業也可以透過改善定價來提高獲利。例如，前面那個判斷數位單曲的銷售究竟是對專輯銷售有利或有害的實驗，也幫我們判斷單曲和專輯的最佳定價策略。我們發現，一般來說，單曲的價格比最適價格低了百分之三十，專輯的價格則比最適價格高了百分之三十。做了價格改變後，與我們合作的唱片公司高管表示，公司從價格改變中「每年多賺了數千萬英鎊的獲利」，他說：「我們以為我們知道適合的定價，看來我們都錯了。」

重點是，使用實驗和資料分析來改善定價，可以幫公司提高獲利。而且有時增加的幅度還很大，這對娛樂業來說是個好消息。然而，由於最適價格會隨著時間波動，也因多種產品而異，娛樂業需要持續地改善定價，這就不是好消息了。目前，新平台的業者比大型娛樂公司更有能力改善定價。例如，亞馬遜販售上億種商品，它是完全依賴軟體來為商品定價——軟體可以做實驗、測試消費者的反應，並在必要時更新價格。由於這些都是自動化進行，亞馬遜的價格可能偶爾偏離一點點，但從來不會偏離百分之三十至百分之五十。

平台公司還有另一種改善定價的方式：運用它的市場勢力來強行實施對它有利的定價政策。例如，我們的定價實驗顯示，如果唱片公司可以根據單曲的熱門度或類型來訂多種不同的價格，獲利會更高。問題是，平台比較喜歡採用〇・九九或一・二九美元這種簡化的定價方式，以增加顧客使用平台的意願及銷售更多的硬體。唱片公司沒有足夠的勢力逼平台改變。

宣傳

資料分析也可以幫娛樂公司改善行銷和廣告活動的效果。那些宣傳活動往往占用了很多成本（例如，有時宣傳占一部電影總成本的百分之四十），而且大多無法精準行銷。它們只是盡量在各種通路上打廣告，以便讓更多的消費者知道它們的內容——一位高管告訴我們，這種策略是「散彈打鳥」[28]。在批評這種方式之前，我們需要知道，片商之所以採用這種方式，不是因為它們無知，而是因為長久以來它們頂多只能這樣做。在傳統的廣告通路中，很難衡量消費者的反應。在不知道如何衡量誰對哪個廣告有反應下，片商無從得知廣告活動的效果，也無法判斷「反事實」（亦即不打廣告時業績如何）。

不過，隨著網路的成長，新機會出現了，可以幫公司設計更精準的廣告活動以提升獲利。例如，我們和某大片商及Google的廣告銷售團隊合作一個實驗，以研究線上廣告的價值，尤其我們鎖定那些看過某些舊電影預告的消費者。我們把美國分成四百多區，接著隨機指定每區用戶看到的廣告。在其中的三分之一區裡，用戶是看到某部影片的片段，我們顯示一個廣告以鼓勵用戶到線上的數位商店購買電影。在另外的三分之一區裡，我們在影片的片段中也放入同樣的廣告，但這次我們只讓以前看過那部電影預告的用戶看到廣告。最後的三分之一區是對照組，沒有放廣告。

我們發現一些驚人的結果。使用Google打精準廣告（亦即鎖定之前看過預告的用戶）的成本較高，但是相對於散彈打鳥式廣告，這種精準廣告為片商創造的獲利是四到五倍。所以，知道各別消費者以前看過什麼內容，其實可以預測他未來更有可能購買什麼內容。

對片商和其他的大公司來說，挑戰在於它們並未掌控這種重要的顧客資訊。我們在實驗中之所以能夠鎖定那些看過預告的用戶，是因為我們的實驗得到Google的配合。你想想Google、亞馬遜等資料導向的公司所擁有的一切資訊，以及在鎖定消費者方面，那些資訊賦予它們多大的優勢。

線上置入行銷是另一個有前景的宣傳機會，那有可能變得比實體置入行銷還要重要。例如，iTunes和亞馬遜之類的網站只要把流量導向某些電影，或是把特定的電郵寄給它們知道可能感興趣的顧客，就可以深深影響電影購買的決策。數位「庫存」的性質，意味著這些公司比實體商店更有能力馬上因應需求的短暫激增。例如，在十三號星期五的夜晚，經典恐怖電影《十三號星期五》（*Friday the 13th*）的線上銷售激增，但實體商店的銷售並未增加，為什麼？因為實體商店必須事先下單囤貨，無法迅速因應一時的趨勢發展。不僅如此，如果實體商店真的事先下單了，它們也必須用寶貴的零售空間來囤貨，到時候沒賣出去的實體商品還要退貨。所以，在十三號星期五的前兩三天，你不會看到實體商店改變商品的擺放。它們的配銷機制和空間限制，導致它們無法迅速把握短暫的賺錢商機。

然而，在網路上，你幾乎可以馬上因應這種短暫的需求變化。你可以查看資料，甚至使用機器學習技術來快速發現或預測需求變化。然後，你可以馬上把需求高的商品擺在虛擬商店的首頁，那是光靠「直覺」不可能辦到的。為了讓這種事情發生，你必須從掌控配銷通路的那家公司獲得許可。所以，這讓亞馬遜享有極大的優勢，因為它可以決定在自家網站上宣傳內容的價格。如果在亞馬遜的首頁上暫時做置入行銷需要花十萬美元，這是划算？還是搶錢？你需要做實驗及研究消費者的反應才能回答這個問題，但亞馬遜可以直接回答這個問題，這也讓它在協商廣告置入的價碼時，享有極大的資訊優勢。

本章我們以哈樂斯的故事開場，因為它的故事顯示公司可以改變組織結構，以善用新的資料導向分析和管理技巧。那對娛樂業的大公司來說是很重要的啟示，但是在未來必須打的硬戰中，組織變革只是其中的一部分。娛樂公司大多不了解各別的顧客，哈樂斯可以透過賭場和顧客直接互動，但娛樂公司以前和顧客的最重要互動，都是透過第三方中介者，例如電影院、唱片行、書店——亦即那些對大公司的事業沒什麼威脅的實體事業。然而，我們提過，如今這些互動大多是透過大型的資料導向平台（例如亞馬遜、iTunes、網飛、Google），它們可以直接觀察各別顧客的行為，也已經根據資料分析來建構組織，並採用實證導向的管理。它們更有能力蒐集顧客行為的詳細資料，估計顧客的終生價值、做實驗以評估各種行銷策略的效果、對各別的顧客直接進行個人化行銷以提升顧客忠誠度。此外，它們在娛樂供應鏈裡的地位愈來愈強大，有些平台業者甚至還會利用平台和顧客資料來自製原創內容。

這是壞消息，但娛樂業還是有好消息，我們將在下一章中詳細討論。總之，這些大公司其實已經握有許多必要的工具，它們可以運用那些工具來跟顧客直接互動，以及設計實證導向的新管理策略。只要它們開始使用那些工具，就能有效地因應新興對手帶來的威脅。

11 演出必須繼續

「你要比以前更接近顧客，在他們還沒意識到自己需要什麼時，你就先告訴他們。」

——卡曼．蓋洛（Carmine Gallo），《揭密：透視賈伯斯驚奇的創新祕訣》（*The Innovation Secrets of Steve Jobs: Insanely Different Principles for Breakthrough Success*）

在Google、亞馬遜、網飛稱霸的時代，片商若要蓬勃發展，必須改變它們看待顧客溝通的方式。為此，它們必須把蒐集與分析顧客的資料視為首要之務。

以賈伯斯重振蘋果並把它轉變成全球卓越企業的故事為例，那是眾所皆知的故事，但我們想把焦點放在一個大家比較少注意到的重點：蘋果如何運用它和顧客的關係及顧客資料，東山再起。

一九九七年賈伯斯剛回蘋果時，公司正陷入營運困境。蘋果的市占率僅百分之四，股價跌至十二年來的新低，許多業界專家預測它很快就會關門大吉。十月六日，邁克・戴爾（Michael Dell）在高德納國際研討會（Gartner Symposium）上表示，他若是蘋果的老闆，會乾脆「關掉公司，把錢還給股東[1]」。

當時蘋果面臨的一大問題是，市占率太小，無法直接接觸顧客。它依賴希爾斯（Sears）、百思買、電路城（Circuit City）、歐菲麥（OfficeMax）之類的第三方零售商，把電腦賣給顧客。那些零售商都沒有誘因幫蘋果培養顧客忠誠度，它們的業務員對蘋果商品的了解很少。事實上，它們常勸想買蘋果電腦的顧客，改買比較便宜Windows電腦。蘋果電腦只能擺在沒有人流的商店角落，許多人根本不知道蘋果電腦有什麼功能。賈伯斯發現這是事業的一大阻礙，他重振蘋果的計畫是要讓商品取悅顧客。但是，如果你無法接觸到顧客，甚至不知道顧客是誰，你很難做到用商品取悅顧客。

於是，賈伯斯想出一個瘋狂的方案：蘋果自己開零售店。為什麼這個點子那麼瘋狂？首先，零售空間很貴。在這個利潤微薄的產業裡，為了和戴爾電腦競爭，你卻提議大舉投資零售店，那是近乎荒謬的提案。而且，那個方法也已經證實對捷威（Gateway）無效了。二〇〇一年一月，就在蘋果開設第一家零售店的四個月前，捷威不敵戴爾的競爭，被迫關閉二十七家零售店[2]。

果不其然，商業媒體馬上公開嘲諷蘋果的計畫。《商業週刊》刊登了一篇文章，標題是〈抱歉賈伯斯！為何蘋果零售店行不通〉（Sorry Steve, Here's Why Apple Stores Won't Work），文中寫道：「也許賈伯斯不該再『不同凡想』了*。[3]」蘋果的前財務長約瑟夫・格拉齊亞諾（Joseph Graziano）指出：「蘋果的問題在於，它依然相信成長之道是為世界提供魚子醬，但這個世界其實對乳酪配餅乾已經很滿意了。」通路行銷企業（Channel Marketing Corporation）的零售顧問大衛・戈德斯坦（David Goldstein）一語道盡了一般普遍的看法：「我給他們兩年的時間，他們會因為犯下代價高昂的沉痛錯誤而黯然退場。[4]」

如今，蘋果在全球十六個國家有四百五十三家零售店。蘋果發布二〇一五年第一季的盈利結果時，提到全球有五億名消費者造訪其零售店及網路商店，零售店每平方英呎的年銷售額近四千八百美元，比美國任一家零售商還高[5]。《富比士》雜誌（*Forbes*）報導，蘋果在全球有五萬名零售員工，平均每天服務一百萬名顧客[6]。目前蘋果零售事業的價值，比二〇〇一年整家蘋果公司的價值還高。

蘋果零售店的成功，主要是因為蘋果把焦點放在消費者的體驗上，而不是像多數的電腦零售商那樣，一味地推銷產品。尤其，蘋果設計零售店時，不是按產品線做設計，而是以消費者的需求為核心，向消費者展示如何運用蘋果的商品來聽音樂、拍照、錄影、觀賞電影。值得注意的是，蘋果也在店內安排和善的人員，讓他們來指引顧客如何使用商品。這些都是眾所周知的故事，但比較不為人知的是，蘋果運用零售店來掌控商品的展示和行銷方式，而且它是用資料來做到這點。

實驗和資料影響了蘋果零售店裡的每個面向。蘋果投入大量資金以打造各種店內布局，並

＊此回應衍生自一九九七年蘋果電腦的廣告標語「Think different.」。

根據顧客的意見反饋來改善設計。蘋果訪問顧客，以了解顧客的最佳客服體驗，並運用那些資訊來設計「天才吧」（Genius Bar）。蘋果研究市場資料及人口統計資料，以便把零售店設在方便的地點。賈伯斯說，那樣做是為了避免麥金塔的新用戶（大多以前使用微軟）賭上「二十分鐘的時間」，而是只花「二十步的時間」[7]。

蘋果運用資料來打造零售店以及顧客的店內體驗，但它也運用零售店來創造資料反饋迴圈，以便把顧客的意見帶回公司。蘋果零售店裡的一切（從天才吧和一對一訓練區，到用來找出店內顧客實際位置的先進科技[8]）都是為了蒐集顧客資料而精心設計的，以便利用那些資料來改善產品設計與行銷以及服務顧客的方式。顧客如何使用蘋果的商品？他們最喜歡那些商品的哪一點？哪些商品令顧客感到失望？哪些商品容易故障？怎麼故障？使用多久後故障？顧客想要什麼？顧客需要什麼？零售店讓蘋果直接接觸顧客，蘋果也運用零售店來蒐集資訊，以幫助它們了解及滿足顧客的需求。

我們不是要建議派拉蒙電影公司或環球音樂公司在世界各地的高級購物區裡開設專賣店。不過，如今業者與顧客的直接聯繫愈來愈重要。我們確實認為，大型娛樂公司若是完全依賴第三方配銷商來展示商品，那會使它們處於策略劣勢。為了競爭，它們不得不做出類似蘋果那樣的轉變——透過與顧客的直接關係來傳遞價值，而不是透過中間商傳遞。那需要蒐集及運用顧客資料，以了解及因應顧客的個人需求。實務上，那該如何運作呢？

我們來看電影業。許多社群網站上其實有片商和顧客建立關係所需的資料，而且那些資料都可以輕易取得。例如，傳奇影業公司（Legendary Pictures）投資設立了一個分析部門，積極從他們能找到的一切資源（包括推特（Twitter）、臉書、Google、售票資訊）蒐集消費者的資料，然後再根據那些資料，以更貼切的宣傳訊息來鎖定適合的消費者。傳奇影業公司的執行長湯瑪斯・塔爾（Thomas Tull）表示，如果不做這種精準行銷，片商花一樣多的錢對八十歲的女人和十幾歲的少年行銷《黑暗騎士》（*The Dark Knight*），根本是浪費錢[9]。

然而，前面也提過，對片商來說，最寶貴的資料其實都掌握在蘋果、亞馬遜、Google、網飛的手中。片商可以採用的一種簡單方法是，與配銷商協商時，把取得各別顧客的資料列為首要之務。事實上，很多片商已經開始對配銷商施壓，要求它們提供更詳細的資料。但片商採取這種方式時，難免會遇到障礙。它們想要接觸顧客時，必須對強大的線上配銷商做出很大的讓步。即使片商設法取得資料，它們依然只能看到那些消費自家影片的顧客行為。相較之下，線上配銷商則可以看到平台上消費各種內容的顧客行為。此外，片商也無法獲得上一章談到那些直接測試和實驗的效益。或許最重要的是，如果片商依賴那些配銷商來接觸顧客，它們會愈來愈仰賴競爭對手以取得策略資訊。

我們必須了解，亞馬遜、網飛、Google正把上游垂直整合到原創內容事業中，以便在內容取得方面減少對各大片商的依賴。光是基於這點，片商就應該反過來制衡那些新對手：把下游的配銷垂直整合進來，自己做直接配銷，以便在接觸顧客方面減少對配銷商的依賴。最直截了當的方法，就是大舉投資以吸引消費者直接到片商的入口網站（至少有強大品牌的內容供應商應該這樣做）。片商可以模仿J. K.羅琳用在Pottermore上的策略，開創社群，讓創作者和粉絲分享額外的資訊。這樣做可以讓片商追蹤旗下各種影片社群內的消費者行為，並運用那些資訊，對粉絲直接宣傳內容。不過，前面也提到，這種做法的主要障礙在於，消費者對簡便性有強烈的偏好。他們可能不太願意學習使用多個網站，也不願到多個內容網站開好幾個帳號。此外，如果每家片商都各自開設平台，它們也只能看到消費者和自家內容的互動情況。

另一種抱負較大、也比較有前景的做法，是片商建立策略夥伴關係，一起投資打造一個共同的平台，讓每家公司都能直接鎖定顧客，也讓每家公司都能看到及了解顧客觀賞多家片商內容的行為。那樣的平台其實已經存在了，二〇〇七年三月，三大片商（二十一世紀福斯、NBC環球、迪士尼／ABC電視網）宣布要聯手打造「最大的線上影片發行網」[10]。如今，那個發行網名叫Hulu，是美國第四大的影片串流平台，稍微落後亞馬遜的即時影片（Instant Video）服務[11]。

遺憾的是，Hulu的成功也創造出一個幾乎難以解決的問題。Hulu愈受歡迎，就愈有可能降低片商現有通路的獲利。Hulu一推出後，幾乎馬上爆發爭論。大家爭論的主題包括：哪些節目可以上Hulu播放，Hulu應該在串流中加入幾分鐘廣告，Hulu可以播放幾集內容，Hulu必須等多久才能播放電視網的影集等等。這些問題都是在目前電視業的商業模式中解決，在那個商業模式中，電視網的一半營收是來自廣告，另一半是來自「轉播費」（有線電視取得轉播權的費用）。因此，任何可能降低尼爾森收視率或轉播費的事情，都會被管理高層視為威脅。

解決這些衝突的一個辦法，是讓Hulu完全獨立運作，自由地追求新的商業模式，那個新模式可能最終會蠶食舊模式的獲利。二〇一〇年出現Hulu公開上市的提案，那個提案就是以這個概念為基礎，但電視網很快就否決了那個提案。富國銀行（Wells Fargo）的分析師馬西・里維克（Marci Ryvicker）接受《財星》雜誌的訪問時表示：「我覺得再多的錢都無法讓它們放棄掌控權。」[12]

二〇一一年二月，為了說服電視網別再阻礙Hulu的前途，Hulu的執行長傑森・基拉爾（Jason Kilar）在Hulu的部落格上發表一篇兩千字的文章，讓每個老闆清楚地知道他們的事業未來[13]。基拉爾指出，電視上的廣告太多了，消費者應該有權自己選擇在什麼時間看什麼內容。此外，逼顧客買龐大的套裝服務，裡面包含一大堆顧客不感興趣的頻道，那種生意已經沒落了；向有線電視公司收取昂貴的轉播費，那也是沒落的生意。基拉爾在文末對電視網的高層提出警訊：「歷史顯示，老字號的業者通常會反抗那些挑戰既有營運方式的趨勢，並在反抗的過程中逐漸忽略最重要的關鍵：顧客。」

電視網看到基拉爾的文章後，當下的反應並不是感激。一位不具名的電視網高管告訴《華爾街日報》：「他說的話有八九成是對的，但何必寫出來呢？他以為我們會說：『哦，謝謝！你說得對！我們從來沒那樣想過！我們放棄轉播費吧！』？」[14]《金融時報》引用另一位高管的說法，刻意貶抑基拉爾的成就，以及他在現有系統中的工作能力：「如果我獲得價值數十億美元的節目內容，我也可以打造一個事業。但我知道，為了打造一個長期可行的事業，我會採用對每個人都可行的方式來做。[15]」另一位高管更是直言：「那顯然是精英分子的想法，渾然不知美國大眾觀賞電視的習慣。[16]」

最後，許多業界觀察家指出，活躍的新串流平台與電視網現有的商業模式並不相容。媒體分析師詹姆士・麥奎維（James McQuivey）寫道：「它們不希望Hulu成功，這是媒體經濟學——要是Hulu成功了，它會蠶食電視媒體業的現有營收，導致電視的收視率下滑。所以它們做的決定是為了確保Hulu不會變得太好或太成功。[17]」

根據娛樂業的舊規則，使數位通路處於劣勢以避免它蠶食現有的營收，看似合理的直覺反應。畢竟，觀眾沒有數位內容可看時，也別無選擇，只能買實體商品，對吧？

最近，我們使用二〇一二年到二〇一三年的數位銷售和DVD銷售資料來探索這個問題。二〇一二年以前，電影業普遍認為，延遲iTunes及其他數位通路上的電影發布，可以保護片商的DVD營收。不過，從二〇一二年到二〇一三年，幾家片商開始實驗同步發行數位影片和DVD，有些甚至在DVD發行以前先發行數位影片。片商的策略轉變使我們能夠分析，當消費者可以從DVD和iTunes下載之間選擇時，這兩個通路的銷售有何變化[18]。資料顯示，延後數位影片發布有極大的缺點，幾乎毫無優點可言。數位影片比DVD晚發布時，數位銷售縮減了近一半，但DVD銷售在統計上並未增加。

這個結果呼應了我們研究數位內容可在其他情境中取得的狀況：Kindle的電子書店（第三章）、透過Hulu的電視串流（第六章）、iTunes的電視節目下載（第八章）。數位通路無疑普遍減少了市面上的實體消費，但是各別公司很難靠延後影片的數位發布來阻止這個趨勢。延後數位發布幾乎對實體銷售沒有影響，因為數位消費者早就離去了。他們要不是去看盜版，就是從網飛、iTunes、亞馬遜或YouTube消費其他類型的內容。

延遲數位發布對公司也有風險，因為缺乏強大的數位平台時，大公司無法獲得數位配銷的許多重要效益。我們找出了數位配銷的五大效益，其中的兩大效益已經廣泛討論過了：業者更有能力評估內容的潛在市場；業者可以更有效率地向消費者宣傳內容。網飛善用了這兩個優勢，以及第三個效益：進行詳細的實驗以了解消費者對內容的反應。吉娜・基廷（Gina

Keating）在著作《NETFLIX：全球線上影音服務龍頭網飛大崛起》（*Netflixed: The Epic Battle for America's Eyeballs*）裡，描述網飛如何運用網站來了解顧客的需求：

> 網飛設計網站時，也讓網站兼具了市調平台的功能。它可以顯示多種網頁或功能的版本，以測試不同的客群，並針對他們的反應和偏好蒐集詳細的資料。典型的A／B測試*包括衡量紅色商標（選項A）與藍色商標（選項B）對於吸引顧客加入、顧客的終生價值、留客率、使用率的影響……。不斷的測試、消費者意見的蒐集，以及後續的網站調整，構成了網飛與顧客之間的持續對話，讓網飛與實體出租店競爭時，享有關鍵的優勢。

當然，競爭對手可以直接模仿那些設計決策，當時百視達確實那樣做了，它把網飛的設計元素迅速納入自家的網站中，但它複製了網站外觀，卻無法複製網飛的演算法。少了成本、演算法、市調平台的持續精進，百視達根本無法模仿到網飛的精髓。

*A／B測試：是一種透過分析使用者經驗（User Experience，簡稱UX）來優化介面的方式。

我們在上一章提過，平台公司很擅長利用實驗來做客製化行銷。它們也可以獲得一些獨到的見解，那是缺乏各別顧客的資料時所辦不到的——這也是數位配銷的第四個效益。長久以來，尼爾森和其他市調公司所販售的人口統計資料，是市面上唯一能取得的顧客資料，因為市調公司只能有效率地衡量人口統計資料而已[19]。但人口統計資料幾乎沒告訴你，那些人是誰或他們想消費什麼。在可以和顧客數位互動及擁有超強運算力的世界裡，人口統計資料對行銷決策來說幾乎毫無價值可言。

了解一個顧客的購買紀錄，而不僅僅是他的人口統計特徵有多大的價值呢？彼得・羅西（Peter Rossi）、羅伯・麥卡洛（Robert McCulloch）、格雷・阿倫比（Greg Allenby）在一九九六年發布的論文中探索了這個問題[20]。他們做研究的時候，超市才剛採用條碼系統及推出會員卡，當時行銷人員才剛了解顧客資料的重要，會員卡讓超市首度看到各別顧客是什麼樣子。羅西、麥卡洛、阿倫比運用一家超市的掃描資料，來比較發送折價券的效果：一種是普遍發送折價券、一種是根據人口統計資料發送、一種是根據顧客的購買行為發送。他們發現，知道一個人的人口統計資料，比普遍發送折價券的獲利高出百分之十二；知道一個人的購買紀錄，比普遍發送折價券的獲利高出百分之一五五。

對亞馬遜那種公司來說，行銷效果增加十倍是非常驚人的。但亞馬遜和其他的平台公司並未就此停歇，它們現在是根據顧客的即時行為來做行銷決策。亞馬遜想根據你目前的搜尋、你現在正在找的東西、你的滑鼠點擊頻率等等來客製化行銷，因為那些行為資料有助於回答最重要的行銷問題：你為什麼現在來這裡？

觀察詳細顧客資料的第五個效益是和商品有關，而不是和顧客有關。為了說明這點，我們回到一九九〇年代的超市業。食品行銷協會（Food Marketing Institute）的一項研究顯示，在超市推出會員卡以前，超市業普遍認為，為了改善存貨管理，超市應該減少引進小眾商品[21]。不過，HEB連鎖超市發現，食品行銷協會的研究忽略了超市獲利的一項關鍵：帶來最多獲利的顧客，最有可能購買小眾商品。HEB超市知道，如果不賣那些銷售緩慢的小眾商品，它可能會失去那些帶進最多獲利的顧客，所以超市的店長決定多進一些小眾商品[22]。

線上購物是否也是如此呢？帶進獲利最多的顧客可能對最冷門的商品感興趣嗎？為了找出答案，我們和某大片商合作分析顧客的線上購買狀況。結果發現，答案是肯定的。整體來說，熱門強片確實占業績的大宗，但令人意外的是，帶來最多獲利的顧客大多是購買冷門電影。相較於其他顧客，那些獲利最好的顧客購買冷門片的機率高出百分之五十到百分之二百。

娛樂業應該記取的最大啟示是，未來若要成功，公司除了必須掌控內容的製作以外，也必須掌控它和顧客之間的介面（以及因此獲得的顧客需求資料）。這也是我們在本書中一再強調的主張。

第一到第四章討論過，過去一百年來，大型唱片公司、出版商、片商利用規模來管理兩種稀缺的資源以創造價值：配銷與宣傳通路的稀缺；創造內容所需的財務和技術資源稀缺。這種商業模式掌控了消費者取得內容的方式，大公司因此利用這種商業模式，從市場中取得價值。

不過，在第五到第九章中，我們提到電腦和儲存設備的進步以及全球數位通訊網路的普及，使這些原本稀缺的資源變得愈來愈豐富。低成本生產設備讓每個人都可以變成內容創作者，數位通路為宣傳及配銷內容提供了大量的新機會，因此為消費者創造了巨大的價值。技術變革也影響了娛樂市場上創造獲利的流程。數位盜版使娛樂公司愈來愈難限制消費者只能從少數管道取得內容。一旦內容在數位世界裡發布後，公司幾乎不可能掌控它的傳播。但數位化也提供業者在網路上提取價值的新方法——透過隨選內容的便利性、個人化、即時滿足的特質來創造獲利。

在第十章及本章中，我們主張，運用這些新工具在娛樂業中創造及掌握價值的關鍵，是來自兩個新的稀缺資源：對顧客需求的了解，以及掌控顧客注意力的能力。我們在第十章談過，娛樂公司若想了解各別顧客的需求，必須改採資料導向的決策，並把這種決策方式變成首要之務。那需要大舉投資於組織變革，也要有意願開發新型的組織人才。但是，如果娛樂公司想要掌控顧客的注意力，它們也需要大膽投資在新的配銷平台上，以便和顧客直接互動。

當然，對娛樂業來說，這個轉變很難，但我們對娛樂業的未來依然感到樂觀。因為我們前面呼籲的做法，正是娛樂業一直以來的成功關鍵：敢於冒險投入新商機，渴望投資新人才，積極尋找創新的方法以連接創作者和觀眾，擁有實現宏大概念的必要技巧。總之，演出必須——也將會——繼續下去。

致謝

這本書正好落在我倆興趣的交會處。首先，我們都熱愛優質娛樂，渴望看到電影、音樂、出版業持續推出精彩的好故事，以及投資擅長說故事的創作者。再者，我們都很愛使用資料和統計分析來了解消費者和市場的運作。能夠在研究領域裡以及撰寫本書的過程中，同時兼顧這兩項興趣，我們需要感謝很多貴人的幫忙。

感謝卡內基美隆大學海因茨學院讓我們加入這個卓越的學術社群，特別感謝院長拉瑪亞・克里希南（Ramayya Krishnan）支持我們為娛樂分析成立研究中心的遠景，也感謝韋伯漢舒・艾比舍克（Vibhanshu Abhishek）、彼得・博托賴特（Peter Boatwright）、布雷特・丹納赫（Brett Danaher）、佩德羅・費雷拉（Pedro Ferreira）、李貝貝（Beibei Li）、艾倫・蒙哥馬利（Alan Montgomery）等人參與研究。我們有幸和許多卡內基美隆大學的博士生合作，包括烏塔拉・安南薩克瑞許南（Uttara Ananthakrishnan）、趙代坤（Daegon Cho）、沙米塔・丹納索宏（Samita Dhanasobhon）、安寧狄亞・高斯（Anindya Ghose）、龔靜（Jing Gong）、安努吉・庫馬（Anuj Kumar）、利容・席凡（Liron Sivan）、馬力燁（Liye Ma）。卡內基美隆大學的同仁打造了一個良好的環境，讓我們放心地從事教學與研究，我們想感謝資訊系統管理碩士學程的安迪・瓦瑟（Andy Wasser）和尚恩・貝格斯（Sean Beggs）、公共政策與管理碩士學程的布蘭達・佩瑟（Brenda Peyser）、娛樂業管理碩士學程的約翰・塔諾夫（John Tarnoff）和丹・葛林（Dan Green）等人的努力投入。卡內基美隆大學法務室的瑪麗・貝斯・蕭（Mary Beth Shaw）一直很支持我們的研究，我們很感謝她的協助。同事米麗・麥爾斯（Millie Myers）透過其媒體訓練課程，在外部溝通方面提供我們過人的見解。在卡內基美隆大學任教期間，我們也有幸跟許多學生互動，這裡要特別感謝克里斯・波普（Chris Pope）、李加圖・圭薩多（Ricardo Guizado）、荷西・艾德瓦多・歐洛斯・查瓦瑞亞（Jose Eduardo Oros Chavarria）等人提供出色的資料分析支援。

感謝娛樂界諸多人士與我們分享他們的專業和經驗，這裡我們想特別感謝美國唱片業協會的凱瑞・謝爾曼（Cary Sherman）和其團隊的卓越指導，並帶我們洞悉音樂界；感謝美國出版業研究機構的艾爾・葛瑞柯（Al Greco）和其團隊與我們分享出版業的相關資料和專業知識；感謝美國電影協會長期透過卡內基美隆大學的「數位娛樂分析計畫」（Initiative for Digital Entertainment Analytics）支持我們的研究。

我們非常感謝以下幾位的支持與鼓勵。安德魯・麥克費（Andrew McAfee）鼓勵我們追求願景，把我們介紹給他的傑出經紀人拉夫・薩吉林（Rafe Sagelyn）。薩吉林在勾勒遠景及指導書籍上市方面，提供我們寶貴的協助。MIT出版社的珍・麥唐納（Jane MacDonald）和其團隊是合作愉快的夥伴，我們很感謝他們願意和兩位新手作者合作。感謝美國音樂出版協會的娜塔莉・馬塔吉（Natalie Madaj）和大衛・伊斯瑞里（David Israelite）協助取得版權許可。最後，也是最重要的，我們要感謝本書的編輯托比・雷斯特（Toby Lester）的指導、協助、耐心和幽默，雷斯特擅長把我們隨性提出的想法和點子，確切地轉化成我們想表達的論點。若是沒有他的鼎力相助，現在我們還一直卡在第二章的改寫。

個人謝辭

感謝艾瑞克・布林優夫森在MIT擔任我的指導教授及良師益友，再也找不到比他更完美的學術典範了。若不是愛妻朗達的關愛與支持，這一切都不可能完成，謝謝她對我的信心，鼓勵我嘗試許多我自以為辦不到的事情。感謝戴維斯、科爾、莫莉為我們的生活帶來歡樂。感謝爸媽的耐心，讓我一輩子熱愛學習。感謝上帝賜予我一輩子也還不清的恩情。

——邁克・史密斯

感謝父母對我的信心，讓我追逐夢想。感謝吾妻艾許維妮，她始終是我的靈感來源，讓我更加努力。感謝吾子蕭米克與敘逢經常默默地鼓勵我，他們比其他人對我更有信心。最後，我要感謝所有的良師益友、同仁與學生，他們每天都讓我學到新知。

——拉胡・泰朗

注釋

第1章　紙牌屋

1. Source: http://bigstory.ap.org/article/netflix-shuffles-tv-deck-house-cards
2. Source: http://www.vulture.com/2014/05/kevin-reilly-on-fox-pilot-season.html
3. Nellie Andreeva, "Focus: 2009–2010 Pilot Season—Back on Auto Pilot," *Hollywood Reporter*, March 6, 2009, as quoted by Jeffrey Ulin in *The Business of Media Distribution* (Focal, 2010).
4. Source: Ted Sarandos, speech to the 2013 Film Independent Forum (http://www.youtube.com/watch?v=Nz-7oWfw7fY)
5. Ibid.
6. Ibid.
7. Source: http://www.nytimes.com/2013/01/20/arts/television/house-of-cards-arrives-as-a-netflix-series.html
8. Source: http://www.aoltv.com/2011/03/18/netflix-builds-house-of-cards-kevin-spacey/
9. That number represents 2 percent of Netflix's entire customer base. Source: http://tvline.com/2014/02/21/ratings-house-of-cards-season-2-binge-watching/

10. Of course, Netflix viewers weren't the only ones avoiding commercials. According to TiVo, 66 percent of TiVo's viewers of *The Walking Dead* and 73 percent of its viewers of *Mad Men* used the DVR to skip commercials—much to the consternation of advertisers who had paid $70,000–$100,000 to place 30-second commercials on those series.
11. Source: http://www.nytimes.com/2013/01/20/arts/television/house-of-cards-arrives-as-a-netflix-series.html
12. Source:http://www.hollywoodreporter.com/video/full-uncensored-tv-executives-roundtable-648995
13. Source: https://www.youtube.com/watch?v=uK2xX5VpzZ0
14. The trailers consisted of brief promotional advertisements for the show.
15. Source: http://www.nytimes.com/2013/02/25/business/media/for-house-of-cards-using-big-data-to-guarantee-its-popularity.html
16. Source: http://variety.com/2014/digital/news/netflix-streaming-eats-up-35-of-downstream-internet-bandwidth-usage-study-1201360914/
17. Source: http://stephenking.com/promo/utd_on_tv/
18. Source: http://www.nytimes.com/2012/08/05/sunday-review/internet-pirates-will-always-win.html
19. We will have more to say about the economics of bundling in chapter 3.
20. Source: http://www.gq.com/story/netflix-founder-reed-hastings-house-of-cards-arrested-development
21. Source: https://www.sandvine.com/downloads/general/global-internet-phenomena/2011/1h-2011-global-internet-phenomena-report.pdf

22. Source: http://variety.com/2015/digital/news/netflix-bandwidth-usage-internet-traffic-1201507187/

第2章　歷史回顧

1. The historical discussion that follows derives primarily, and sometimes closely, from three sources: Jan W. Rivkin and Gerrit Meier, BMG Entertainment, Case 701-003, Harvard Business School, 2000; Pekka Gronow and Ilpo Saunio, *An International History of the Recording Industry* (Cassell, 1998); Geoffrey P. Hull, *The Recording Industry* (Routledge, 2004).
2. Source: http://historymatters.gmu.edu/d/5761/
3. Rivkin and Meier, BMG Entertainment, p. 3.
4. Ibid., p. 4.
5. Gertrude Samuels, "Why They Rock 'n' Roll—And Should They?" *New York Times*, January 12, 1958.
6. "Yeh-Heh-Heh-Hes, Baby," *Time* 67, no. 25 (1956).
7. Samuels, "Why They Rock 'n' Roll."
8. Ibid.
9. R. Serge Denisoff and William D. Romanowski, *Risky Business: Rock in Film* (Transaction, 1991), p. 30.
10. "Rock-and-Roll Called 'Communicable Disease,'" *New York Times*, March 28, 1956.
11. See, for example, Reiland Rabaka, *The Hip Hop Movement: From R&B and the Civil Rights Movement to Rap and the Hip Hop Generation* (Lexington Books, 2013), p. 105; Glenn C. Altschuler, *All Shook Up: How Rock 'n' roll*

Changed America (Oxford University Press, 2003), p. 40; Peter Blecha, *Taboo Tunes: A History of Banned Bands and Censored Songs* (Backbeat Books, 2004), p. 26; Linda Martin and Kerry Segrave, *Anti-Rock: The Opposition to Rock 'n' Roll* (Da Capo, 1993), p. 49.

12. "Boston, New Haven Ban 'Rock' Shows," *New York Times*, May 6, 1958.
13. Samuels, "Why They Rock 'n' Roll."
14. Gronow and Saunio, *An International History of the Recording Industry*, pp. 193–194.
15. William Goldman, *Adventures in the Screen Trade* (Warner Books, 1983), p. 39.
16. BMG Entertainment, p. 8.
17. International Federation of Phonographic Industries, Investing in Music: How Music Companies Discover, Nurture and Promote Talent, 2014, pp. 7–9.
18. Robert Burnett, *The Global Jukebox*, as cited in BMG Entertainment.
19. Steve Knopper, *Appetite for Self-Destruction: The Spectacular Crash of the Record Industry in the Digital Age* (Free Press, 2009), p. 202.
20. Michael Fink, *Inside the Music Industry: Creativity, Process, and Business* (Schirmer, 1996), p. 71.
21. Hull, *The Recording Industry*, p. 186; quoted in "Payola 2003," *Online Reporter*, March 15, 2003.
22. Source: Erik Brynjolfsson, Yu Hu, and Michael Smith, "Consumer Surplus in the Digital Economy: Estimating the Value of Increased Product Variety," *Management Science* 49, no. 11 (2003): 1580–1596.
23. Source: our calculations, based on http://www.boxofficemojo.com/studio/?view=company&view2=yearly&

yr=2000

24. See, for example, Albert N. Greco, Clara E. Rodriguez, and Robert M. Wharton, *The Culture and Commerce of Publishing in the 21st Century* (Stanford University Press, 2007), p. 14.

第3章　只要多付點錢

1. Source: http://online.wsj.com/news/articles/SB125427129354251281
2. Source: http://shelf-life.ew.com/2009/10/23/stephen-king-ebook-delay-price-wa/
3. Jeffrey A Trachtenberg, "Two Major Publishers to Hold Back E-Books," *Wall Street Journal*, December 9, 2009.
4. The other assumption these publishers seem to be making is that the high-priced hardcover books have higher margins than the lower-priced e-books. In practice, however, given the costs of printing and distributing hardcover books, we found that the margins for these to products are actually very close to each other.
5. Although the details are beyond the scope of this book, in the research, we attempted to test for whether the timing of the event was truly exogenous to our experiment and whether the schedule of book releases was uncorrelated with expected sales. We refer interested readers to a working paper by Yu Jeffrey Hu and Michael D. Smith titled The Impact of eBook Distribution on Print Sales: Analysis of a Natural Experiment, which is available from http://ssrn.com/abstract=1966115.
6. As we will discuss in more detail below, these characteristics are shared by the content of motion pictures and

that of music. For example, the costs of making and promoting a movie can exceed $100 million, but the marginal cost of manufacturing a movie on a DVD is about $4.10 (see "The Hollywood Economist: The Hidden Financial Reality Behind the Movies," Epstein. 2012. Melville House Publishing, Brooklyn, NY.) and is essentially zero for additional copies of digital movies sold by iTunes.

7. More precisely, just a bit less than their willingness to pay.

8. Arthur C. Pigou, *The Economics of Welfare*, fourth edition (Macmillan, 1932).

9. Another problem with first-degree price discrimination strategies is that most customers consider them unfair—they don't see why they should be forced to pay more for a product just because they might be willing to.

10. To isolate the effect of the pay-cable broadcast from any effect of removing the movies from other channels, we used the fact that, according to their contracts, studios were required to remove their content from other "competing" channels on the first day of the month in which a movie was shown on the pay-cable network, but that the actual broadcast date typically occurred on the first, second, third, or fourth weekend of the month. For example, in our paper (Anuj Kumar, Michael D. Smith, and Rahul Telang, "Information Discovery and the Long Tail of Motion Picture Content," *Management Information Systems Quarterly* 38, no. 4 (2014): 1057–1078) we observe that "in March 2011, the movies *Robin Hood*, *MacGruber*, *Cop Out*, and *Just Wright* premiered on HBO. These movies were all removed from iTunes and cable pay-per-view channels on March 1 and were first broadcast on HBO on March 5, 12, 19, and 26 respectively." This difference between the date

of removal and the date of broadcast allowed us to separately identify the effect of the removal on iTunes and pay-per-view from the effect of the broadcast on HBO.

11. The details of why we believe this change is causally related to the HBO broadcast, and not merely correlated with movie characteristics or changes in promotion and distribution, are beyond the scope of this book. We refer interested readers to Anuj Kumar, Michael D. Smith, and Rahul Telang, "Information Discovery and the Long Tail of Motion Picture Content," *Management Information Systems Quarterly* 38, no. 4 (2014): 1057–1078.
12. We discuss other strategic implications of bundling content in more detail in chapter 8.
13. In chapter 5 we expand on this concern and provide empirical evidence that it may already have harmed investment in some markets.

第4章 完美風暴

1. The managerial concepts we will discuss in this chapter are aligned with a variety of managerial theories, including Joseph Schumpeter's theory of creative destruction, Clay Christensen's theory of disruptive innovation, and Richard Foster's concept of attacker's advantage. We apply these concepts in a setting where multiple simultaneous changes make it harder for incumbents to evaluate the magnitude of the problem, and where economies of scale enjoyed by entrants exacerbate the risk of delayed action by incumbents.
2. Source: http://www.prnewswire.com/news-releases/att-launches-a2b-music-with-the-verve-pipe--a-trial-for-the-delivery-of-music-over-the-internet-77352797.html

3. AAC compression was used to encode a2b files. Patents on the technology were held by AT&T Bell Laboratories, Fraunhofer IIS, Dolby Laboratories, and Sony Corporation. See Karlheinz Brandenburg, "MP3 and AAC Explained," presented at AES 17th International Conference on High Quality Audio Encoding, 1999 (available at http://www.aes.org/e-lib/browse.cfm?elib=8079).
4. Gronow and Saunio, *An International History of the Recording Industry*, p. 211.
5. Our synopsis of the Britannica case closely follows the account laid out by Shane Greenstein and Michelle Devereux in The Crisis at Encyclopaedia Britannica, Case Study KEL251, Kellogg School of Management, 2006 (revised 2009).
6. Ibid., p. 2, citing Randall E. Stross, *The Microsoft Way*.
7. Ibid., p. 5, note 21, quoting Philip Evans and Thomas S. Wurster, *The Microsoft Way*.
8. Ibid., p. 17, citing Robert McHenry, "The Building of Britannica Online" (http://www.howtoknow.com/BOL1.html).
9. Ibid., p. 17, citing Robert McHenry, "The Building of Britannica Online" (http://www.howtoknow.com/BOL1.html).
10. Ibid., p. 17, citing Stross, *The Microsoft Way*.
11. Ibid., p. 7, citing Dorothy Auchter, "The Evolution of *Encyclopaedia Britannica*," *Reference Services Review* 27, no. 3 (1999): 291–297.
12. Ibid.

13. Matt Marx, Joshua S. Gans, and David H. Hsu, "Dynamic Commercialization Strategies for Disruptive Technologies: Evidence from the Speech Recognition Industry," *Management Science* 60, no. 12 (2014): 3103–3123.

第5章　暢銷商品與長尾效應

1. Here we are using the standard definition of "long tail," which, according to the Oxford Dictionaries website, refers to "the large number of products that sell in small quantities, as contrasted with the small number of best-selling products." (See http://www.oxforddictionaries.com/us/definition/american_english/long-tail.)
2. Erik Brynjolfsson and Michael Smith, "Frictionless Commerce? A Comparison of Internet and Conventional Retailers," *Management Science* 46, no. 4 (2000): 563–585.
3. This point was first made raised by the noted economist John Kenneth Galbraith, who reviewed *The Winner-Take-All Society* in 1995 for the *Harvard Business Review*. In the review, titled "The Winner Takes All … Sometimes," Galbraith wrote: "Athletics, which is the authors' starting point and to which, rather significantly, they frequently return, is programmed to produce a clear-cut winner; not so for many other activities, even where there is considerable market concentration."
4. For more on our methods and results, see Erik Brynjolfsson, Yu Hu, and Michael Smith, "Consumer Surplus in the Digital Economy: Estimating the Value of Increased Product Variety," *Management Science* 49, no.11 (2003): 1580–1596.

5. Source: Bowker, cited in *Statistical Abstract of the United States: 2004–2005* (Government Printing Office, 2004), p. 721, table 1129.
6. The increase in books in print is, in many ways, interesting in and of itself. According to Bowker (http://www.bowkerinfo.com/pubtrack/AnnualBookProduction2010/ISBN_Output_2002-2010.pdf), the number of new titles printed per year increased from 562,000 in 2008 to 3.1 million in 2010. Much of this growth was driven by "non-traditional" (typically self-published) titles. The percentage of non-traditional titles increased from 13 percent in 2002 to 92 percent by 2010.
7. See Luis Aguiar and Joel Waldfogel, Quality, Predictability and the Welfare Benefits from New Products: Evidence from the Digitization of Recorded Music, working paper, University of Minnesota, 2014.
8. Anita Elberse, "Should You Invest in the Long Tail?" *Harvard Business Review* 86, no. 7/8 (2008): 88–96.
9. Glenn Ellison and Sara Fisher Ellison, Match Quality, Search, and the Internet Market for Used Books. working paper, Massachusetts Institute of Technology, 2014.
10. McPhee's original 1963 book has long been out of print. Thus, if you don't live near a major university library, you are probably out of luck if you want to read it—unless, of course, you visit Amazon, where, as of this writing, you can easily find five used copies priced as low as $25.15.
11. The original research paper is Alejandro Zentner, Michael D. Smith, and Cuneyd Kaya, "How Video Rental Patterns Change as Consumers Move Online," *Management Science* 59, no. 11 (2013): 2622–2634.
12. Erik Brynjolfsson, Yu (Jeffrey) Hu, and Duncan Simester, "Goodbye Pareto Principle, Hello Long Tail: The Effect

of Search Costs on the Concentration of Product Sales," *Management Science* 57, no. 8 (2011): 1373–1386.

13. For more details, see Gal Oestreicher-Singer and Arun Sundararajan, "Recommendation Networks and the Long Tail of Electronic Commerce," *MIS Quarterly* 36, no. 1 (2012): 65–83.
14. As measured by the number of IMDb votes observed for the movie.
15. See Miguel Godinho de Matos, Pedro Ferreira, Michael D. Smith, and Rahul Telang, "Culling the Herd: Using Real World Randomized Experiments to Measure Social Bias with Known Costly Goods," *Management Science*, forthcoming.
16. For more details see Avi Goldfarb, Ryan C. McDevitt, Sampsa Samila, and Brian Silverman, "The Effect of Social Interaction on Economic Transactions: Evidence from Changes in Two Retail Formats," *Management Science*, forthcoming.
17. See https://hbr.org/2008/06/debating-the-long-tail and https://hbr.org/2008/07/the-long-tail-debate-a-response.

第6章　盜版世代

1. Jeff Goodell, "Steve Jobs: The Rolling Stone Interview," *Rolling Stone*, December 3, 2003.
2. http://www.indiewire.com/article/guest-post-heres-how-piracy-hurts-indie-film-20140711
3. Music revenue in the United States fell from $14.6 billion in 1999 to $6.3 million in 2009. Source: http://money.cnn.com/2010/02/02/news/companies/napster_music_industry/

4. Source: Stan Liebowitz, "The Impacts of Internet Piracy," in *Handbook on the Economics of Copyright: A Guide for Students and Teachers*, ed. R. Watt (Edward Elgar, 2014).
5. For example, *MGM Studios v. Grokster*, a 2005 US Supreme Court decision that established "that one who distributes a device with the object of promoting its use to infringe copyright ... is liable for the resulting acts of infringement by third parties."
6. http://en.wikipedia.org/wiki/Stop_Online_Piracy_Act#cite_note-HousePress-28
7. https:/www.riaa.com/physicalpiracy.php?content_selector=piracy-online-scope-of-the-problem
8. http://ftp.jrc.es/EURdoc/JRC79605.pdf
9. http://www.cbc.ca/news/business/digital-piracy-not-harming-entertainment-industries-study-1.1894729
10. For a brief review of this literature with citations, see Michael Smith and Rahul Telang, "Competing with Free: The Impact of Movie Broadcasts on DVD Sales and Internet Piracy," *Management Information Systems Quarterly* 33, no. 2 (2009): 312–338.
11. Felix Oberholzer-Gee and Koleman Strumpf, "The Effect of File Sharing on Record Sales: An Empirical Analysis," *Journal of Political Economy* 115, no. 1 2007): 1–42.
12. Brett Danaher, Michael D. Smith, and Rahul Telang, "Piracy and Copyright Enforcement Mechanisms," in *Innovation Policy and the Economy*, volume 14, ed. J. Lerner and S. Stern (National Bureau of Economic Research, 2014).
13. Brett Danaher, Michael D. Smith, and Rahul Telang, "Copyright Enforcement in the Digital Age: Empirical

Economic Evidence and Conclusions," prepared for tenth session of World Intellectual Property Organization Advisory Committee on Enforcement, Geneva.

14. The 2014 chapter included nineteen papers. The 2015 paper included two additional publications that appeared after the 2014 chapter went to press.

15. Given this consensus, what should we make of the remaining three papers that found no evidence of harm? The most natural interpretation is that there are some settings in which piracy doesn't significantly harm sales. For example, table 6.1 in the appendix to this chapter includes a paper in which we find no statistical harm from piracy that occurs at the time when a movie is shown on broadcast television networks (typically several years after a movie leaves the theaters), but we also note that these results "do not speak to the impact of piracy in the earlier part of a movie's life-cycle, where the availability of pirated content may have a negative impact on sales" (Michael Smith and Rahul Telang, "Competing with Free: The Impact of Movie Broadcasts on DVD Sales and Internet Piracy," Management Information Systems Quarterly 33, no. 2, 2009: 312–338, p. 336). It is also possible that the reported results are correct under the specific assumptions or empirical approach the authors used, but the results might change under a different set of assumptions or with a different empirical approach (see, for example, Rafael Rob and Joel Waldfogel, "Piracy on the High C's: Music Downloading, Sales Displacement, and Social Welfare in a Sample of College Students," Journal of Law and Economics 49, no. 1 (2006): 29–62; Stan Liebowitz, "How Reliable is the Oberholzer-Gee and Strumpf Paper on File-Sharing?" (http://ssrn.com/abstract=1014399); Stan Liebowitz, "The Oberholzer-Gee/Strumpf File-

Sharing Instrument Fails the Laugh Test" (http://ssrn.com/abstract=1598037); George R. Barker and Tim J. Maloney, "The Impact of Free Music Downloads on the Purchase of Music CDs in Canada" (http://ssrn.com/abstract= 2128054)). In either case, the broader point is clear: In the vast majority of cases, piracy harms sales.

16. See, for example, Rob and Waldfogel, "Piracy on the High C's."
17. See http://www.ifpi.org/content/section_news/investing_in_music.html
18. See Joel Waldfogel, "Copyright Protection, Technological Change, and the Quality of New Products: Evidence from Recorded Music since Napster," Journal of Law and Economics 55 (2012), no. 4: 715–740.
19. Joel Waldfogel, "Copyright Protection, Technological Change, and the Quality of New Products: Evidence from Recorded Music since Napster," Journal of Law and Economic 55, no. 4 (2012): 715–740.
20. We observe similar results using other measures such as output measured by the Indian Censor Board. For a more complete discussion of our results, see Rahul Telang and Joel Waldfogel, ="Piracy and New Product Creation: A Bollywood Story," 2014 (http://ssrn.com/abstract=2478755).
21. http://www.nytimes.com/2012/08/05/sunday-review/internet-pirates-will-always-win.html
22. http://www.bloomberg.com/bw/stories/1998-05-10/the-net-a-market-too-perfect-for-profits
23. See Michael Smith and Erik Brynjolfsson, "Customer Decision Making at an Internet Shopbot: Brand Still Matters," Journal of Industrial Economics 49, no. 4 (2001): 541–558.
24. Specifically, the control-group titles came from 53 shows on the CBS, CW, Fox, and NBC networks. Eighteen of these shows were available on Hulu before July 6 and experienced no change in availability in the four

weeks after July 6, and 44 shows were not available on Hulu before July 6 and experienced no changes in availability in the four weeks after July 6. For a more detailed discussion, see Brett Danaher, Samita Dhanasobhon, Michael D. Smith, and Rahul Telang, "Economics of Digitization: An Agenda," in *Understanding Media Markets in the Digital Age: Economics and Methodology*, ed. A. Greenstein, S. Goldfarb, and C. Tucker (University of Chicago Press, 2015).

25. See Brett Danaher, Michael D. Smith, Rahul Telang, and Siwen Chen, "The Effect of Graduated Response Anti-Piracy Laws on Music Sales: Evidence from an Event Study in France," *Journal of Industrial Economics* 62, no. 3 (2014): 541–553.
26. Roger Parloff, "Megaupload and the Twilight of Copyright," *Fortune*, July 23, 2012: 21–24.
27. See Brett Danaher and Michael D. Smith, "Gone in 60 Seconds: The Impact of the Megaupload Shutdown on Movie Sales," *International Journal of Industrial Organization* 33 (2014), March: 1–8.
28. https://www.fbi.gov/news/pressrel/press-releases/justice-department-charges-leaders-of-megaupload-with-widespread-online-copyright-infringement
29. For more details of our approach, see Brett Danaher, Michael D. Smith, and Rahul Telang, The Effect of Piracy Website Blocking on Consumer Behavior, working paper, Carnegie Mellon University (available from http://ssrn.com/abstract=2612063).

第7章　還權於民

1. https://shotonwhat.com/cameras/canon-eos-5d-mark-iii-camera
2. The Academy Award for Best Editing went to *The Social Network* in 2010 and *The Girl with the Dragon Tattoo* in 2011. Previous nominees for this award that were edited with Final Cut Pro include *Cold Mountain* (2003), *No Country for Old Men* (2007), and *The Curious Case of Benjamin Button* (2008).
3. https://gigaom.com/2012/03/22/419-the-next-self-publishing-frontier-foreign-language-editions/
4. https://www.youtube.com/channel/UCy5mW8fB24ITiiC0etjLI6w
5. http://www.newyorker.com/magazine/2014/02/17/cheap-words
6. https://gigaom.com/2012/06/18/seth-godins-kickstarter-campaign-for-new-book-beats-40k-goal-in-3-5-hours/
7. https://www.kickstarter.com/projects/297519465/the-icarus-deception-why-make-new-from-seth-go
8. http://www.ew.com/article/2013/03/13/veronica-mars-movie-is-a-go-kickstarter
9. http://www.wsj.com/news/articles/SB10001424052702303636404579397322240026950
10. http://www.ew.com/article/2013/03/13/veronica-mars-movie-is-a-go-kickstarter
11. https://www.youtube.com/watch?v=CjW9I6jo7bQ
12. http://blogs.ocweekly.com/heardmentality/2014/05/nice_peter_epic_rap_battles_in_history.php
13. http://www.nytimes.com/2013/10/30/arts/television/epic-rap-battles-seeks-staying-power-on-youtube.html
14. http://www.statsheep.com/ERB
15. http://www.riaa.com/goldandplatinumdata.php?artist=%22Epic+Rap+Battles+of+History%22

16. ERB isn't the only YouTube success story. The most popular channel on YouTube doesn't feature Katy Perry, Eminem, or Taylor Swift. It features Felix Kjellberg (a.k.a. PewDiePie), a 25-year-old man from Sweden who makes humorous videos of himself playing video games—and has 38 million subscribers and more than 9 billion video views worldwide. He made more than $7 million in 2014. (See http://www.bbc.com/news/technology-33425411.)
17. http://www.theguardian.com/books/2012/jan/12/amanda-hocking-self-publishing
18. http://www.deseretnews.com/article/865578461/Hip-hop-violinist-Lindsey-Stirling-overcomes-anorexia-critics-to-find-happiness-success.html
19. https://www.washingtonpost.com/blogs/the-switch/wp/2014/05/29/youtube-sensation-lindsey-stirling-on-how-the-internet-can-shape-the-music-industry/
20. https://www.youtube.com/user/lindseystomp/about
21. http://www.forbes.com/sites/michaelhumphrey/2011/10/26/epic-rap-battles-of-history-talking-brash-wit-with-a-youtube-hit/3/
22. http://www.billboard.com/articles/news/1559095/dubstep-violinist-lindsey-stirling-inks-deal-with-lady-gagas-manager
23. http://mediadecoder.blogs.nytimes.com/2011/03/24/self-publisher-signs-four-book-deal-with-macmillan/
24. http://content.time.com/time/arts/article/0,8599,1666973,00.html
25. http://www.wired.com/2007/12/ff-yorke/

26. https://louisck.net/news/a-statement-from-louis-c-k
27. https://louisck.net/news/another-statement-from-louis-c-k
28. http://recode.net/2015/01/31/louis-c-k-s-new-straight-to-fan-special-has-no-buzz-and-its-doing-better-than-his-first-one/
29. http://www.wired.com/2011/06/pottermore-details/
30. http://www.theguardian.com/books/booksblog/2012/mar/28/pottermore-ebook-amazon-harry-potter
31. http://nypost.com/2014/01/02/indie-artists-are-new-no-1-in-music-industry/
32. Joel Waldfogel and Imke Reimers, Storming the Gatekeepers: Digital Disintermediation in the Market for Books. working paper, University of Minnesota, Minneapolis, 2012.
33. http://www.washingtonpost.com/news/business/wp/2014/09/05/tv-is-increasingly-for-old-people/
34. http://www.dailymail.co.uk/news/article-2178341/Hollywood-Cinema-attendance-plummets-25-year-low.html
35. http://www.businessinsider.com/brutal-50-decline-in-tv-viewership-shows-why-your-cable-bill-is-so-high-2013-1
36. http://www.techhive.com/article/2833829/nearly-1-in-4-millennials-have-cut-the-cord-or-never-had-cable.html, cited by http://www.washingtonpost.com/news/morning-mix/wp/2015/01/06/the-espn-streaming-deal-and-how-tv-is-becoming-entertainment-for-old-people/
37. http://blogs.wsj.com/cmo/2015/07/24/this-chart-shows-why-comcast-would-be-interested-in-vice-media-and-buzzfeed/

38. http://www.hollywoodreporter.com/news/study-5-percent-millennials-plan-732337
39. http://www.usatoday.com/story/tech/2014/12/19/youtube-diversity-millennials/18961677/
40. http://www.hollywoodreporter.com/news/study-5-percent-millennials-plan-732337
41. http://www.prnewswire.com/news-releases/sprint-and-suave-partner-with-leah-remini-to-create-consumer-generated-webisodes-58432852.html
42. http://www.nytimes.com/2009/03/25/arts/television/25moth.html?_r=1
43. http://adage.com/article/madisonvine-case-study/sprint-suave-find-success-mindshare-s-online-series/125090/
44. http://www.mediapost.com/publications/article/76165/suave-sprint-back-for-in-the-motherhood-webisod.html
45. http://variety.com/2008/scene/markets-festivals/abc-orders-motherhood-episodes-1117991763/
46. https://ewinsidetv.wordpress.com/2009/03/11/in-the-motherho/
47. Bowker, cited in Statistical Abstract of the United States: 2004–2005 (Government Printing Office), table 1129.
48. http://www.bowkerinfo.com/pubtrack/AnnualBookProduction2010/ISBN_Output_2002-2010.pdf. According to one recent estimate, on average Amazon adds a new book to its library every five minutes (http://techcrunch.com/2014/08/21/there-is-one-new-book-on-amazon-every-five-minutes/).
49. http://www.musicsupervisor.com/just-how-many-releases-these-numbers-may-scare-you/
50. https://www.youtube.com/yt/press/statistics.html

第8章　宅宅的逆襲

1. http://www.nytimes.com/2007/08/31/technology/31NBC.html
2. http://www.cnet.com/news/nbc-to-apple-build-antipiracy-into-itunes/
3. Philip Elmer-DeWitt, "NBC's Zucker: Apple Turned Dollars into Pennies," *Fortune*, October 29, 2007 (http://fortune.com/2007/10/29/nbcs-zucker-apple-turned-dollars-into-pennies/).
4. Quoted in "NBC Chief Warns Over iTunes Pricing," *Financial Times*, October 29, 2007 (http://www.ft.com/intl/cms/s/0/8f799be2-865a-11dc-b00e-0000779fd2ac.html#axzz3ScXf2AKv)
5. See Brooks Barnes, "NBC Will Not Renew iTunes Contract," *New York Times*, August 31, 2007 (http://www.nytimes.com/2007/08/31/technology/31NBC.html). Apple estimated NBC's share of iTunes television sales at 30 percent (http://www.apple.com/pr/library/2007/08/31iTunes-Store-To-Stop-Selling-NBC-Television-Shows.html).
6. https://www.apple.com/pr/library/2007/09/05Apple-Unveils-iPod-touch.html
7. http://www.cnet.com/news/apple-slaps-back-at-nbc-in-itunes-spat/
8. http://www.nytimes.com/2007/09/20/business/media/20nbc.html
9. Target reportedly represented 15 percent of the DVD market (http://www.wsj.com/articles/SB116035902475586468).
10. https://www.apple.com/pr/library/2006/09/12Apple-Announces-iTunes-7-with-Amazing-New-Features.html
11. http://www.hollywoodreporter.com/news/target-blinks-dispute-disney-143682

12. Note that the vertical axis in figure 8.1 is on a log scale.
13. Brett Danaher, Samita Dhanasobhon, Michael D. Smith, and Rahul Telang, "Converting Pirates without Cannibalizing Purchasers: The Impact of Digital Distribution on Physical Sales and Internet Piracy," *Marketing Science* 29, no. 6 (2010): 1138–1151.
14. As is documented in the paper, we observed no increase in the availability of non-NBC content during this period, which suggested that the increased availability of pirated episodes was causally related to the removal of NBC content from iTunes.
15. One concession offered by Apple was two additional pricing points for content: $0.99 for catalog content and $2.99 for high-definition episodes (http://www.businessinsider.com/2008/9/nbc-s-zucker-we-came-back-to-itunes-because-we-got-variable-pricing). But NBC received no concessions on piracy and no opportunity to share in iPod revenue.
16. Brad Stone, *The Everything Store: Jeff Bezos and the Age of Amazon* (Little, Brown, 2013).
17. http://www.publishersweekly.com/pw/print/20040531/23431-amazon-co-op-riles-independent-houses.html
18. http://www.newyorker.com/magazine/2014/02/17/cheap-words
19. Ibid.
20. http://www.publishersweekly.com/pw/print/20040531/23431-amazon-co-op-riles-independent-houses.html
21. http://www.newyorker.com/magazine/2014/02/17/cheap-words
22. Quoted in Joe Miller, "Amazon Accused of 'Bullying' Smaller UK Publishers," BBC News, June 26, 2014. (http://

www.bbc.com/news/technology-27994314).

23. http://articles.latimes.com/2011/oct/06/entertainment/la-et-jobs-music-20111007
24. *Social Problems: Selections from CQ Researcher* (Pine Forge Press, 2009), p. 222. See also http://featuresblogs.chicagotribune.com/entertainment_tv/2006/02/office_workers.html.
25. http://www.newyorker.com/magazine/2014/02/03/outside-the-box-2
26. http://variety.com/2009/digital/features/online-distribution-pulls-ahead-of-film-111799As9758/
27. http://www.digitalbookworld.com/2013/e-retailers-now-accounting-for-nearly-half-of-book-purchases-by-volume/
28. http://www.theverge.com/2015/4/15/8419567/digital-physical-music-sales-overtake-globally
29. http://partners.nytimes.com/library/tech/99/03/biztech/articles/14amazon.html
30. Michael Smith, Joseph Bailey, and Erik Brynjolfsson, "Understanding Digital Markets: Review and Assessment," in *Understanding the Digital Economy*, ed. E. Brynjolfsson and B. Kahin (MIT Press, 2000).
31. E. J. Johnson, S. Bellman, and G. L. Lohse, "Cognitive Lock-in and the Power Law Of Practice," *Journal of Marketing* 67, no. 2 (2002): 62–75.
32. For example, Erik Brynjolfsson, Astrid Dick, and Michael Smith analyzed data from an online price-comparison site and found that these price-conscious consumers almost never searched to the second page of prices, even though the lower pages included deals that, on average, provided $6 more value to the consumer than the best offer on the first page of prices ("A Nearly Perfect Market? Differentiation Versus Price in Consumer

Choice," *Quantitative Marketing and Economics* 8, no.1 (2010): 1–3). In effect, consumers were willing to forgo $6 worth of value in exchange for not having to invest the time and cognitive effort necessary to process additional product choices. This result is consistent with related research showing that online consumers face similarly high costs from simple tasks such as entering eBay auctions (P. Bajari and A. Hortaçsu, "The Winner's Curse, Reserve Prices, and Endogenous Entry: Empirical Insights from eBay Auctions," *RAND Journal of Economics* 34 (2003): 329–355), bidding on online auctions (I. Hann and C. Terwiesch, "Measuring the Frictional Cost of Online Transactions: The Case of a Name-Your-Own-Price Channel," *Management Science* 49 (2003): 1563–1579), and searching for textbooks (H. Hong and M. Shum, "Using price distributions to estimate search costs," *RAND Journal of Economics* 37 (2006): 257–275).

33. This isn't an argument against the use of Digital Rights Management software per se. The data suggest that DRM can reduce harm from casual piracy in some settings. (See, for example, Imke Reimers' finding that the use of DRM protection increases e-book sales by 15.4 percent, at http://www.econ.umn.edu/~reime062/research/piracy_paper.pdf.) Rather, it is an argument that these advantages should be weighed against the disadvantages associated with platform lock-in.

34. See, for example, Nicola F. Sharpe and Olufunmilayo B. Arewa, "Is Apple Playing Fair? Navigating the iPod FairPlay DRM Controversy," *Northwestern Journal of Technology and Intellectual Property* 5, no. 2: 331–349; Herbert Hovenkamp, Mark D. Janis, Mark A Lemley, and Christopher R. Leslie, *IP and Antitrust: An Analysis of Antitrust Principles Applied to Intellectual Property Law*, second edition (Wolters Kluwer Law & Business, 2014;

Thorsten Kaseberg, *Intellectual Property, Antitrust and Cumulative Innovation in the EU and the US* (Bloomsbury, 2012).

35. Yannis Bakos and Erik Brynjolfsson, "Bundling and Competition on the Internet," *Marketing Science* 19, no. 1 (2000): 63–82.
36. Ibid.
37. http://arstechnica.com/uncategorized/2007/11/hands-on-nbc-direct-beta-makes-hulu-seem-utopian-not-ready-for-beta-tag/
38. http://fortune.com/2014/12/09/hbo-streaming/
39. http://variety.com/2014/digital/news/hbo-cto-otto-berkes-resigns-as-network-enlists-mlb-to-build-ott-platform-1201375255/

第9章　魔球

1. Michael Lewis, *Moneyball* (Norton, 2003), pp. 219–220.
2. Ibid., p. 233.
3. Ibid., p. 57.
4. Ibid.
5. http://www.newyorker.com/magazine/2014/02/03/outside-the-box-2
6. http://www.newyorker.com/magazine/2014/02/17/cheap-words

7. Ken Auletta, "Publish or Perish," *The New Yorker*, April 26, 2010.
8. http://www.newyorker.com/reporting/2014/02/17/140217fa_fact_packer
9. http://www.hollywoodreporter.com/news/sonys-michael-lynton-defends-studio-759494
10. http://www.nytimes.com/2013/02/25/business/media/for-house-of-cards-using-big-data-to-guarantee-its-popularity.html?_r=1
11. As Pittsburgh Pirates fans, we are bitter about this.
12. We have heard of some instances in which platform companies have been willing to share more detailed data on customers or to facilitate direct marketing programs, but only under special circumstances or for a fee. This reinforces two larger points we have been making: that customer data and customer access have become important strategic asset, and that the ability to control these assets gives large distributors significant leverage in negotiations with their partners.
13. http://www.hollywoodreporter.com/news/aftermath-hulu-ceos-bad-boy-101517
14. See, for example, http://variety.com/2014/digital/news/amazon-to-spend-more-than-100-million-on-original-series-in-q3-1201268987/, http://variety.com/2015/digital/news/amazon-studios-to-produce-movies-for-theatrical-digital-release-in-2015-1201408688/,andhttp://www.wsj.com/articles/youtube-seeks-streaming-right-to-tv-shows-movies-1449104356
15. http://youtube-global.blogspot.com/2015/10/red-originals.html
16. http://www.vulture.com/2015/07/netflix-original-programming-hbo-fx.html

17. Gina Keating, *Netflixed: The Epic Battle for America's Eyeballs* (Portfolio, 2013).
18. http://www.nytimes.com/2013/02/25/business/media/for-house-of-cards-using-big-data-to-guarantee-its-popularity.html
19. http://www.hollywoodreporter.com/news/amazon-studios-head-roy-price-721867
20. John Seabrook, "Revenue Streams," *The New Yorker*, November 24, 2014 (http://www.newyorker.com/magazine/2014/11/24/revenue-streams)
21. http://www.theatlantic.com/magazine/archive/2014/12/the-shazam-effect/382237/
22. http://www.newyorker.com/reporting/2014/02/17/140217fa_fact_packer
23. "A Chat with Ted Sarandos, Mitch Hurwitz, and Vince Gilligan," National Association of Television Program Executives, January 21, 2015 (https://www.youtube.com/watch?v=Zdy8-FDV7c0).
24. Source: http://variety.com/2015/tv/news/golden-globe-nominations-2016-hbo-nbc-1201658385/
25. Source: http://deadline.com/2015/12/golden-globes-nominations-2016-tv-series-networks-list-1201664377/
26. Kevin Spacey, keynote address, Content Marketing World 2014, Cleveland, September 11, 2014.
27. See, for example, http://www.hollywoodreporter.com/news/breaking-bad-how-cable-netflix-619857.
28. David Bank of RBC Capital Markets predicted that in 2015 the networks and studios would receive $6.8 billion from Netflix, Hulu, and Amazon for the rights to stream television reruns (http://www.wsj.com/articles/netflix-viewership-finally-gets-a-yardstick-1440630513).

第10章　傲慢與偏見

1. Quoted in "How to Survive in Vegas," *Business Week*, August 9, 2010 (http://www.bloomberg.com/bw/magazine/content/10_33/b4191070705858.htm).
2. Our telling of the Harrah's story relies heavily on the following three sources: Rajiv Lal, Harrah's Entertainment, case study, Harvard Business School, 2002, Victoria Chang and Jeffrey Pfeffer, Case OB-45, Gary Loveman and Harrah's Entertainment, Stanford Graduate School of Business, 2003; Gary Loveman, "Diamonds in the Data Mine," *Harvard Business Review*, May 2003.
3. Rajiv Lal and Patricia Carrolo, Harrah's Entertainment Inc., case 502-011, Harvard Business School, 2001, p. 3.
4. Ibid.
5. Ibid., p. 5.
6. Loveman, "Diamonds in the Data Mine," p. 4.
7. Ibid.
8. Lal and Carrolo, Harrah's Entertainment Inc., p. 6.
9. Chang and Pfeffer, Gary Loveman and Harrah's Entertainment.
10. Richard Metters, Carrie Queenan, Mark Ferguson, Laura Harrison, Jon Higbie, Stan Ward, Bruce Barfield, Tammy Farley, H. Ahmet Kuyumcu, and Amar Duggasani, "The 'Killer Application' of Revenue Management: Harrah's Cherokee Casino and Hotel," *Interfaces* 38, no. 3 (2008): 161–175.
11. Loveman, "Diamonds in the Data Mine," p. 4.

12. Chang and Pfeffer, Gary Loveman and Harrah's Entertainment.
13. Meridith Levinson, "Harrah's Knows What You Did Last Night," CIO Newsletter, June 6, 2001 (http://www.cio.com.au/article/44514/harrah_knows_what_did_last_night/).
14. Chang and Pfeffer, Gary Loveman and Harrah's Entertainment.
15. Richard H. Levey, "Destination Anywhere: Harrah's Entertainment Inc.'s Marketing Strategy," *Direct*, 1999, cited in Lal and Carrolo, Harrah's Entertainment Inc.
16. Loveman, "Diamonds in the Data Mine," p. 3.
17. Ibid., p. 4.
18. Gary Loveman in the Gaming Hall of Fame for 2013, Gambling USA, September 14, 2013 (http://www.gamblingusa.com/gary-loveman-gaming-hall-fame-2013/).
19. Kate O'Keeffe, "Real Prize in Caesars Fight: Data on Players," *Wall Street Journal*, March 19, 2015 (http://www.wsj.com/articles/in-caesars-fight-data-on-players-is-real-prize-1426800166).
20. Steve Knopper, *Appetite for Self-Destruction: The Spectacular Crash of the Record Industry in the Digital Age* (Simon and Schuster, 2009).
21. Source: IFPI, "Music industry revenue worldwide from 2002 to 2014, by sector (in billion U.S. dollars)" (http://www.statista.com/statistics/272306/worldwide-revenues-of-the-music-industry-by-category/).
22. We describe the high-level results of our study below. For further details, see Brett Danaher, Yan Huang, Michael D. Smith, and Rahul Telang, "An Empirical Analysis of Digital Music Bundling Strategies," *Management*

Science 60, no. 9 (2015): 1413–1433.

23. http://www.nielsen.com/us/en/insights/reports/2015/the-total-audience-report-q1-2015.html
24. http://www.wsj.com/articles/viacom-beats-expectations-on-ninja-turtles-transformers-1415881443
25. http://blogs.wsj.com/cmo/2015/06/25/nielsen-mitch-barns-tv-networks-netflix/
26. See Filipa Reis, Miguel Godinho de Matos, and Pedro Ferreira, The Impact of Convergence Technologies on the Substitution Between TV and Internet: Evidence from a Randomized Field Experiment, working paper, Carnegie Mellon University, 2015. In a separate test, Reis et al. analyzed Internet use among consumers who were given access to premium television channels but not the DVR capabilities; they found no change in Internet consumption. That finding, they argue, suggests that "when the TV provides an experience similar to that of video streaming on the Internet, users watch more of it."
27. For a more detailed discussion of our experimental approach, see Jing Gong, Michael D. Smith, and Rahul Telang, "Substitution or Promotion? The Impact of Price Discounts on Cross-Channel Sales of Digital Movies," *Journal of Retailing* 91, no. 2 (2015): 343–357.
28. These mass-market strategies can be effective, of course. For example one of the most important mass-market advertising events is the Super Bowl. In a recent working paper titled "Super Returns to Super Bowl Ads?" (http://people.ischool.berkeley.edu/~hal/Papers/2015/super.pdf), Seth Stephens-Davidowitz, Hal Varian, and Michael D. Smith analyzed the effectiveness of Super Bowl advertising on movie revenue. Not surprisingly, they weren't able to run an experiment per se—but they were able to analyze the results of a series of natural

experiments. Their analysis relied on the fact that cities whose home teams are in the Super Bowl have much larger audiences for the game than other cities and on the fact that Super Bowl ads are purchased well before anyone knows which teams will play in the game. The increased viewership in cities whose teams are playing in the game acts as an exogenous shock to the number of people who see the advertisements. That allowed Stephens-Davidowitz et al. to analyze theatrical attendance for all 54 movies that were advertised during Super Bowl broadcasts from 2004 to 2012. They found that many more people watched these movies in the cities whose teams played in the game and that, in terms of return on investment, a $3 million Super Bowl advertisement for a movie generated, on average, $8.4 million in increased profits to the studio.

第11章　演出必須繼續

1. John Markoff, "Michael Dell Should Eat His Words, Apple Chief Suggests," *New York Times*, January 16, 2006 (http://www.nytimes.com/2006/01/16/technology/16apple.html).
2. http://www.cnet.com/news/gateway-shuts-10-percent-of-u-s-stores/. Gateway would close its remaining 188 stores in April of 2004 (http://www.pcworld.com/article/115507/article.html).
3. http://www.bloomberg.com/bw/stories/2001-05-20/commentary-sorry-steve-heres-why-apple-stores-wont-work
4. http://www.forbes.com/sites/carminegallo/2015/04/08/why-the-experts-failed-to-predict-the-apple-stores-success/

5. http://fortune.com/2015/03/13/apples-holiday-top-10-retailers-iphone/
6. http://www.forbes.com/sites/carminegallo/2015/04/08/why-the-experts-failed-to-predict-the-apple-stores-success/
7. http://fortune.com/2011/08/26/how-apple-became-the-best-retailer-in-america/
8. http://bits.blogs.nytimes.com/2011/11/25/a-look-at-apples-spot-the-shopper-technology/
9. Source: http://variety.com/2015/film/news/godzilla-vs-king-kong-legendary-ceo-1201656742/
10. http://ir.aol.com/phoenix.zhtml?c=147895&p=irol-newsArticle_print&ID=1354531
11. http://variety.com/2015/digital/news/netflix-bandwidth-usage-internet-traffic-1201507187/,
12. http://fortune.com/2012/08/20/hulus-network-drama/
13. Jason Kilar, "Stewart, Colbert, and Hulu's Thoughts about the Future of TV," http://blog.hulu.com/2011/02/02/stewart-colbert-and-hulus-thoughts-about-the-future-of-tv/
14. http://allthingsd.com/20110203/is-jason-kilar-trying-to-get-fired/
15. http://www.ft.com/intl/cms/s/0/2503f886-2f60-11e0-834f-00144feabdc0.html
16. Ibid.
17. Janet Morrissey, "The Beginning of the End for Hulu?" *Fortune*, January 8, 2013.
18. For a more details on the methods and results, see Brett Danaher, Michael D. Smith, and Rahul Telang, Windows of Opportunity: The Impact of Early Digital Movie Releases in the Home Entertainment Window, working paper, Carnegie Mellon University, 2015.

19. One of the earliest academic studies of direct consumer observation was William D. Wells and Leonard A. Lo Sciuto, "Direct Observation of Purchasing Behavior," *Journal of Marketing Research* 3, no. 3 (1966): 227–233. Wells and Lo Sciuto reported having data collectors follow consumers in grocery stores and record their behavior in detail. Their method required 600 hours of labor on the part of the collectors to obtain data from 1,500 shopping episodes.

20. Peter E. Rossi, Robert E. McCulloch, and Greg M. Allenby, "The Value of Purchase History Data in Target Marketing," *Marketing Science* 15, no. 4 (1996): 321–340.

21. Food Marketing Institute, Variety of Duplication: A Process to Know Where You Stand. Prepared by Willard Bishop Consulting and Information Resources, Inc. in cooperation with Frito-Lay, 1993.

22. Robert D. Austin and Warren McFarlan, H. E. Butt Grocery Company: A Leader in ECR Implementation (B) (Abridged), case 9-198-016, Harvard Business School, 1997, p. 2.

方向60

3S風潮

串流、分享、盜版，看大數據如何改寫創意產業的未來

原著書名：Streaming, Sharing, Stealing: Big Data and the Future of Entertainment
作　　者：邁克・史密斯 Michael D. Smith、拉胡・泰朗 Rahul Telang
譯　　者：洪慧芳
資深編輯：劉瑋
校　　對：劉瑋、林佳慧
封面設計：廖韡
內頁設計：邱介惠
寶鼎行銷顧問：劉邦寧

發 行 人：洪祺祥
副總經理：洪偉傑
副總編輯：林佳慧
法律顧問：建大法律事務所
財務顧問：高威會計師事務所
出　　版：日月文化出版股份有限公司
製　　作：寶鼎出版
地　　址：台北市信義路三段151號8樓
電　　話：（02）2708-5509　　傳真：（02）2708-6157
客服信箱：service@heliopolis.com.tw
網　　址：www.heliopolis.com.tw
郵撥帳號：19716071 日月文化出版股份有限公司

總 經 銷：聯合發行股份有限公司
電　　話：（02）2917-8022　　傳真：（02）2915-7212
製版印刷：禾耕彩色印刷事業股份有限公司
初　　版：2018年7月
定　　價：360元
I S B N：978-986-248-738-9

Streaming, Sharing, Stealing: Big Data and the Future of Entertainment

國家圖書館出版品預行編目(CIP)資料

3S風潮：串流、分享、盜版,看大數據如何改寫創意產業的未來／邁克.史密斯(Michael D. Smith), 拉胡.泰朗(Rahul Telang)著；洪慧芳譯.
-- 初版. -- 臺北市：日月文化，2018.07
320面；14.7×21公分. --（方向；60）
譯自：Streaming, Sharing, Stealing : Big Data and the Future of Entertainment
ISBN 978-986-248-738-9（平裝）
1.電信產業 2.通訊網路
557.7　　107008609

日月文化集團
HELIOPOLIS
CULTURE GROUP

感謝您購買 3S風潮：串流、分享、盜版，看大數據如何改寫創意產業的未來

為提供完整服務與快速資訊，請詳細填寫以下資料，傳真至02-2708-6157或免貼郵票寄回，我們將不定期提供您最新資訊及最新優惠。

1. 姓名：＿＿＿＿＿＿＿＿ 性別：□男 □女
2. 生日：＿＿年＿＿月＿＿日 職業：
3. 電話：（請務必填寫一種聯絡方式）
   （日）＿＿＿＿＿（夜）＿＿＿＿＿（手機）＿＿＿＿＿
4. 地址：□□□ ＿＿＿＿＿＿＿＿
5. 電子信箱：＿＿＿＿＿＿＿＿
6. 您從何處購買此書？□＿＿＿＿縣/市＿＿＿＿書店/量販超商
   □＿＿＿＿網路書店 □書展 □郵購 □其他
7. 您何時購買此書？ 年 月 日
8. 您購買此書的原因：（可複選）
   □對書的主題有興趣 □作者 □出版社 □工作所需 □生活所需
   □資訊豐富 □價格合理（若不合理，您覺得合理價格應為＿＿＿＿）
   □封面/版面編排 □其他＿＿＿＿
9. 您從何處得知這本書的消息： □書店 □網路／電子報 □量販超商 □報紙
   □雜誌 □廣播 □電視 □他人推薦 □其他
10. 您對本書的評價：（1.非常滿意 2.滿意 3.普通 4.不滿意 5.非常不滿意）
    書名＿＿ 內容＿＿ 封面設計＿＿ 版面編排＿＿ 文/譯筆＿＿
11. 您通常以何種方式購書？□書店 □網路 □傳真訂購 □郵政劃撥 □其他
12. 您最喜歡在何處買書？
    □＿＿＿＿縣/市＿＿＿＿書店/量販超商 □網路書店
13. 您希望我們未來出版何種主題的書？＿＿＿＿
14. 您認為本書還須改進的地方？提供我們的建議？

日月文化集團
HELIOPOLIS
CULTURE GROUP
客服專線 02-2708-5509
客服傳真 02-2708-6157
客服信箱 service@heliopolis.com.tw

廣告回函
台灣北區郵政管理局登記證
北台字第 000370 號
免貼郵票

日月文化集團 讀者服務部 收

10658 台北市信義路三段151號8樓

對折黏貼後，即可直接郵寄

悅讀的需要，出版的方向

悅讀的需要，出版的方向